次世代リーダーの
新ビジネス知識

組織と人を変える
コーポレート
ガバナンス

公認会計士・
公認不正検査士　赤松育子

同文舘出版

はじめに

「トップ（経営者）が交代すると組織風土が変わる」

　公認会計士として、コンサルタントとして、また社外役員として、数多くの組織にご縁をいただく中で、私が確信をもって断言することのできるひとつの事象です。

　トップの交代は任期満了によるものばかりではありません。人の命に例えるならば、任期満了やオーナー社長の後継選びは、余命宣告があるパターン。次世代への引継ぎを準備する余裕がありますから、組織に属するメンバー（従業員）たちも「そのつもり」になって心構えがあります。

　その一方で、機関投資家（アクティビスト）の強い要求を受けて社長が交代する、また敵対的M&Aを経て社長が交代するときには、人命に例えれば突然の事故にあってしまうようなもの。心づもりのなかった従業員たちは動揺し心乱れ、その結果、組織は軋み震え、人心の軋轢が生まれるものなのです。

　組織は生き物です。人と仕組みが有機的につながり、現場に暗黙知たる組織風土が醸成され、トップ（経営者）の意向を反映しながら（場合によってはトップの思い・想いと反しながら）、過去から現在、そして未来へと脈々と続いている──つまり、組織は生きているのです。

　とするならば、組織をより良い方向へ向かわせるために重要なことのひとつは、経営者の心意気や覚悟、思い・想いであることは言うまでもありません。

　もちろん、ここでいう「より良い」とは、決して絶対的な意味ではなく、「時代に沿った」とか「社会の期待に応える」とか「環境に適応しながら」という意味での「より良い」です。

そしてもうひとつ。

「仕組み（環境）が変わると人のふるまいが変わる」

これもまた、子育てをしながら社会人としてのスタートをきった私の信念のひとつです。

いわゆるママ会計士のはしりであった私にとって、家事・育児・仕事というマルチタスクをこなすこと（こなすなどと言うとカッコイイですが、現実は振り回されると言う方が的確な表現ですね）、そして如何に要領よく、効率的なタイムマネジメントをするかが、当時の至上命題でした。

しかしご多分に漏れず、昔ながらの長時間労働を前提とした職場では、思うように成果を発揮できません。

私にとって働くことは生きることそのものです。それ故に、如何にして自分らしく働くことができるか、すなわち自らが心地よいと感じながら、かつ成果をあげることのできるような「環境」はどこにあるのかを模索する日々が続きました。

組織の仕組み、その一例として内部統制を考えるならば、内部統制を構築する責任は経営者が負っています（会社法362条4項6号）。経営者がどのような内部統制を構築するのか、その仕組みの在り方によって従業員の働きやすさが変わってきます。

例えば、働く場所も時間も自由に選択できる職場であれば、子育てや介護、また自らの体調の良し悪しによって制約を受けている身であっても、時間をやりくりして成果を発揮できる機会があるでしょう。その一方で、会社に定時に出社することがマストの職場であるならば、制約のある社員にとっては働きにくい職場となってしまう可能性もあるでしょう。

仕組みは経営者がつくります。そういう意味でもトップが有する価値観は、組織風土（ソフトの側面）のみならず、仕組みの在り方そのもの（ハードの側面）にも、多大な影響力をもっているのです。

　「経営者は何を思い・想い、何を考え、如何にして組織のあるべき姿を目指そうとしているのでしょうか」

　「トップとして自らの思い・想いと覚悟を組織に伝え、組織をあるべき姿へと向かわせるために、経営者はどのような役割を担っているのでしょうか」

　多くの経営層の方々と接する中で、「実際にトップになるまで、経営者として体系的に学ぶ機会がほとんどなかった」ということを伺いました。とするならば、経営者として全体最適な意思決定をしなくてはならない局面でも、自らが育ってきた事業部のしがらみを背負い、その利益代表として部分最適な意思決定をしてしまうおそれがあります。

　また情報の取捨選択がなされぬまま、すべての情報がトップの耳に入るが故に、本当に重要な情報が埋もれてしまうばかりか、トップが疲弊してしまい、的確な意思決定ができない可能性もあります。

　ガバナンスとは何ぞやを知り、自らの知識の足りない側面を補い、組織のトップとして如何にふるまうべきなのか、もし経営者としての役割、すなわち「**優れた戦略を策定し、実行すること**」を明確に認識できていなければ、リーダーシップを発揮しようと試みても、その責任を全うすることはなかなか難しいでしょう。

　「ビジネスや事業そのものについての専門知識は、十分に有している。でも、それだけでは、経営者としての役割を全うし難い」

　この経営層の皆様の悩みや課題認識をともに分かち合いながら、私の役員

トレーニングが誕生しました。10数年以上にわたって携わる中で、私自身も受講者から多くを学び、試行錯誤しながらトレーニングの体系の在り方を探ってきました。

　特に「ガバナンス」を軸として、**法務や会計など高度な専門知識を要するハード面と、組織風土醸成や経営理念浸透、価値観の多様性の受容等のソフト面とを、有機的に結合させながら伝えていくこと**の大切さを私自身が悟りました。すなわち、「ガバナンス」をハードとソフトの両面から有機的に捉えることによって経営の要諦を探り、経営者としての知見を高め、資質を養っていくのです。

　しかも会社にはそれぞれ個性がありますから、「**身の丈に合った自社独自のガバナンス**」を探求し続けなければなりません。

　ですので、本書はいわゆる「専門書」ではありません。

　これからお話しする内容は、今までご一緒してくださった多くの経営層の皆様、具体的には各社社長をはじめとする取締役、監査役の方々、執行役員、そして次世代経営人材としてトレーニングに参加してくださった皆様方と、ともにつくり上げてきた「物語」だと思っています。自らの立場に真摯に向き合い、自らの役割を問い続けてくださった受講者の皆様方との、ひとつの妥当解なのです。

　そしてそのtipsが、この本を手に取ってくださったあなたの組織をより良い姿へ向かわせるための一助となるならば、これ以上の幸せはありません。

公認会計士・公認不正検査士　赤松育子

目　次

第 **1** 章

経営トップが知っておくべき「ガバナンス」

ガバナンスのハード面

第 **2** 章

経営トップとしてのリーダーの資質

ガバナンスのソフト面

第 **3** 章

コーポレートガバナンス・コードが
意味するもの ハード面のトレンド

第 **4** 章

人を活かす組織の「無意識バイアス」と「多様性」 ソフト面のトレンド

第 **5** 章

組織風土をつくる ガバナンスのハードとソフトの融合

装幀　藤塚尚子（e to kumi）

本文DTP　株式会社明昌堂

第 **1** 章

経営トップが
知っておくべき
「ガバナンス」

ガバナンスのハード面

1 ◆ ガバナンスの2つの側面

そもそも「コーポレートガバナンス」とは?

| 「govern」とは船の舵取り

「はじめに」でもふれましたが、本書では「ガバナンス」をハードとソフトの側面から捉えていきます。

まずはハードの側面から学んでいきたいのですが、そのスタートとして、そもそも「ガバナンス」とは何か、「コーポレートガバナンス」とは何を意味するのか、概念や言葉の整理から始めたいと思います。

「コーポレートガバナンス」の「corporate」とは**会社・企業**のことです。そして「ガバナンス」の語源である「govern」とは、**船の舵を取る**ことを意味します。

会社を船に例えるなら、その船の舵取りを任された船長が経営者です。船の舵取りですから、大きな方向性、ゴールへ向かう道筋を決めることであって、細かいオペレーションを意味する言葉ではないことはご理解いただけるでしょう。

船長として大切なことは、船の状態や現在地（会社でいえば、過去の実績に基づく自社の現状や実力）を理解し、海の状況（ライバル社の戦略、自社を取り巻く業界の動向やマクロな世界情勢等）を知り、航路（事業戦略や経営戦略、パーパスやKPI）を定め、港（会社のあるべき姿）に向かって船を進めることでしょう。

私が企業で行なっている役員トレーニングでは、受講者の皆さんに自分が船長になったつもりで想像をしていただきます。

　もし海が凪いでいれば、船長は双眼鏡で遠くの島を眺めたり、船長室に戻って航海図を確認したり、航海士や機関士らと談笑する余裕もあるでしょう。甲板員はデッキの掃除をしたり、帆の修繕をしたり、マストの点検をしたりしているでしょう。

　その一方で、嵐になったらどうでしょう。船では大切な積み荷を預かっていたり、お客様が乗船したりしているかもしれません。船長は全責任を負ってお客様や積み荷を目的地まで安全に運ぶ義務があります。しかし嵐がひどくなってしまったら、人命を守るために預かっている荷物を海に捨てなくてはいけないかもしれませんし、時にはマストが折れて航行不能に陥ってしまったり、座礁しそうになったり、平時とは全く状況が異なるでしょう。

　不確実性が高く変化の激しい世の中。予測もつきにくく白黒つかない世界で、迅速な意思決定や瞬発力のある判断を求められる難しさ。正論（机上のいわゆる「正しい」とされる理論やロジック）だけでは務まらない現実。

　そのような**大海原で舵取りの全責任**を負っているのが、経営者なのです。

┃ コーポレートガバナンスを企業統治と訳していいの？

　ところでgovernから派生した言葉には、governanceの他に「government」という言葉があります。governmentとは政府のこと。国を治めるという意味で「統治」というニュアンスに近いように感じます。

　その一方でgovernanceを「統治」と訳し、「コーポレートガバナンス」を「企業統治」と表現していいのでしょうか？　果たして本来の意味を表しているでしょうか。

　答えは否です。

例えば東京証券取引所が策定した「コーポレートガバナンス・コード（以下、CGコード）」の前文には、

「コーポレートガバナンス」とは、会社が、株主をはじめ顧客・従業員・地域社会等の立場を踏まえた上で、透明・公正かつ迅速・果断な意思決定を行うための**仕組み**を意味する。

出所：東京証券取引所「コーポレートガバナンス・コード（2021年6月版）」（太字は筆者）

とあります（なお、CGコードについては第3章で詳しく解説します）。

日本語で「統治」というと、「統べて治める」、つまり上位者が下位の者を支配するというニュアンスになりますが、上記の定義を読むと、「コーポレートガバナンス」とは、当事者とそれを取り巻く関係者たちとの関係性、しかも馴れ合いではなくて、**緊張感をもった協調的関係性**を意味していると理解できます。

すなわち、「コーポレートガバナンス」を「企業統治」と訳してしまうと、少し誤解が生じてしまいます。あたかも会社を所有する誰かがいて、その誰かに支配されるようなイメージをもってしまったり、また「株主」が一番偉くて、株主とその他の利害関係者（ステークホルダー）とがあたかも対立関係にあるかのように錯覚してしまったりするおそれがあるように感じます。

株主は必ずしも敵対的な存在であるとは限らないのに、「所有と経営の分離」（62ページCOLUMN⑦参照）という考え方も相まって、あたかも株主の主張が絶対的で正しいかのような誤解が生じてしまうのです。

さらに、「ガバナンス」はマジックワード（何となく良いこと、まともなことを言っているような聞こえの良い言葉）になりやすく、そのため「ガバナンスが効いていない」と言っているときには、大概「内部統制（会社の仕組み）の整備・運用状況に不備がある」程度の意味だったりもします（これ

は後述する「コンプライアンス」にも同様の悩みがあります）。

「ガバナンス」は船の舵取りであって、大きな方向性を意味する言葉であるのに、オペレーションがうまく回っていないことの言い換えになってしまったりするのですね。

「コーポレートガバナンス」とは、会社を船に例えたときの「**船の舵取り**」のこと。決して誰かが誰かを支配したり、上から押さえつけたりするようなイメージをもたずに、**大海原を目的地に向かって漕いでいく**イメージをもっていただけたらと思います。

本書では、あえて「企業統治」と訳さずに「コーポレートガバナンス」のままで進めたいと思います。

「役員トレーニング」の必要性

画期的！ CGコードに明記された「役員トレーニング」

CGコード原則4－14には、次のような記載があります。

【原則4－14．取締役・監査役のトレーニング】

新任者をはじめとする取締役・監査役は、上場会社の重要な統治機関の一翼を担う者として**期待される役割・責務を適切に果たすため**、その役割・責務に係る理解を深めるとともに、必要な知識の習得や適切な更新等の研鑽に努めるべきである。このため、上場会社は、**個々の取締役・監査役に適合したトレーニングの機会の提供・斡旋**やその費用の支援を行うべきであり、取締役会は、こうした対応が適切にとられているか否かを確認すべきである。

補充原則4－14①

社外取締役・社外監査役を含む取締役・監査役は、就任の際には、会社の事業・財務・組織等に関する必要な知識を取得し、取締役・監査役に求められる役割と責務（法的責任を含む）を十分に理解する機会を得るべきであり、就任後においても、必要に応じ、これらを継続的に更新する機会を得るべきである。

補充原則4－14②

上場会社は、取締役・監査役に対するトレーニングの方針について開示を行うべきである。

出所：東京証券取引所「コーポレートガバナンス・コード（2021年6月版）」（太字は筆者）

旧来型の日本的経営（終身雇用、年功序列）のもとでは、昇進の行き着く先が「役員」というポジションでした。人生ゲームのように、順当に出世を重ねた結果のゴール、会社人として成功した証ともいえるでしょう。その**取締役や監査役が自らの役割を果たすためにトレーニングが必要であるとコードに明記されたことは、実は非常に画期的**なことだといえます。

　特に「（ガバナンスを司る者として）期待される役割・責務を適切に果たすため」とか「個々の取締役・監査役に適合したトレーニングの機会の提供・斡旋」「取締役会は、こうした対応が適切にとられているか否かを確認」という文言を初めて目にしたときには、心が痺れたものです。

　不確実で変化の激しい時代です。荒れ狂う海原に放り出された船を操舵して、何とか目的地まで到達せねばならないのです。その必要とされる専門的能力や心構え、また資質や役割、その責務等については、学んで知っておかねばなりません。役員に初めて登用されたときにも、役員になった後も学び続ける必要があるでしょう。

　もっと申し上げるならば、本来的には**「経営ができる人財」を育成する必要がある**のです。従来のようにオペレーションのボスに経営を任せるのではなく、もっと積極的に将来の経営者を育成していく必要があるわけで、できることなら、役員になる前からトレーニングをしておく必要があります。

とはいっても埋められない認識のギャップ

　現状、残念ながら役員に就任するまでは、自部門のマネジメントと現場のオペレーションの統括が中心です。事業部の部長は、当該事業部の利益代表ですから、必ずしも会社全体を俯瞰して見ているわけではないと思います。つまり役員になるまで、「会社の経営の仕方」や「ガバナンスの効かせ方」を学ぶ機会はほぼありません。役員としての役割を学ぶ機会がなかったので

す。

　にもかかわらず、部長から役員に昇格した途端に、全く異なる視点の高度なマネジメント、すなわち全社的な視点で全体最適を目指す、会社を取り巻く多くのステークホルダー（利害関係者）との緊張感をもった協調的関係を築く能力を発揮することを求められるのです。

　これが、CGコードに役員トレーニングの必要性が説かれた理由です。とはいえ場合によっては、課長や部長に昇格した際に、管理職の立場として必要な「**マネジメント（限られた資源をやりくりする力）**」を学ぶ機会すら、管理職になるまであまりなかったかもしれません。

　どのような職責であれ、役割を果たすためには、その役割が何たるかを学ぶ必要があるでしょうに、その機会を逸してしまえば、何となくその職位に「居る」だけになってしまいます。海が穏やかなときの航海であれば、それでも何とか形になったかもしれません。でも荒れた海で踏ん張るには、自らの実力を磨き、その立場に見合ったレベルを保つ責任、それこそ「責務」があるのです。

経営トップとして何を学べばいいのか?

ガバナンスのハード面

それではいったい、経営トップとして何を学べばいいのでしょうか。大きく分けて2つのテーマがあります。

ひとつは、**ガバナンスのハード面**。

ガバナンスを学ぶ際に、例えば会社法の理解、善管注意義務の解釈、CGコードのもつ意味、情報開示の在り方、ESG、内部統制、コンプライアンス、リスクマネジメント等々、知識としてインプットすべき事項です。

ちなみに、このような内容を扱う書籍は、例えば弁護士や監査法人等の専門家が全力で執筆しており、内容も難しいものが多いです。しかし役員といえども、法律や会計の専門家ではありません。とすると、「そこまで詳しくなくていいから、もう少しわかりやすく教えてほしい」という要望が出てくるのは当然のことです。本書では、専門書を読み込んで理解をした私が、皆さんの理解のしやすい言葉遣いやコンテクストに翻訳し直して解説をしていきます。

いくら美味しいからといっても、グランメゾンのフレンチフルコース（例：会社法と金融商品取引法の開示のあるべき姿）を食べた後に老舗中華の絶品美食コース（例：内部統制とJ-SOXのこれからの課題）を食べ、さらに有名料亭の懐石（例：攻めと守りのコンプライアンス）をがっつりと食べることはできません。

それよりも幕の内弁当的にいろいろな食材（テーマ）を程よく並べ替えて、見た目も美味しく、体に優しく食す工夫が必要になってくるのです。

本書はこのコンセプトを目指しています。**役員の身だしなみとして必要な専門知識**を、法律や会計の専門家ではない役員の皆さんの理解に資するよう、平易に漏れなく解説します。

ガバナンスのソフト面

そしていまひとつは、**ガバナンスのソフト面**。

非常に重要なのが、ガバナンスのハード面である知識にしっかりと紐づけたうえで、自らの役員としての立ち位置を定めて腹をくくる、つまり**覚悟をもつ**ということです。

自らの役割は、組織の共通の価値観浸透や多様性の受容、組織風土醸成であると認識することと言い換えることもできます。**ガバナンスとは組織風土づくりそのもの**なのです。

例えば、有名な実業家が自らの信念やリーダーシップの在り方等を強い思い・想いで描いた書籍は世の中にたくさんあります。いわゆる精神論であり人生訓です。ただ、そのような書籍を読んだときに役員の方々が仰ることが「私は彼ではないし、置かれている状況が違うからなあ」という第三者的な感想なのです。非常に冷めているのですよね。

とするならば、**等身大のリーダーシップの在り方**を探ればいいのです。

ハードとソフトの有機的な統合

ハードとソフトがバラバラではいけません。両者が一体となってこそ、経営者としての本領が発揮されます。

では、どのようにしたら有機的に統合できるのでしょう。それはズバリ、**自分を客観視する**ことにあると思っています。

そもそも私自身、公認会計士として社会人のスタートを切り、実務経験を

積み、専門知識を高めてきました。まさしくガバナンスのハードの側面です。次第に、会計数値の向こう側にいる「人」に強い関心をもつようになりました。これこそ現在注目されている「人的資本」です。会計上は「人」を人件費というコストとしてしか表現できませんが、本来、そのポテンシャルはもっと別の形で表現することができるはずなのです。

さらに「人」を取り巻く「仕組み」である内部統制の在り方、立派な「仕組み」を整えても、またどれほど中にいる「人」が優秀でも、なぜか起こってしまう不祥事、そしてコンプライアンスへと興味が移り、結果として、大学で価値観の多様性や経営理念、経営哲学についての研究、組織風土醸成に関わるようになりました。

このように、ガバナンスをソフトの側面からも見つめる機会を得る中で、これらを融合する必要性、必然性を感じるようになったのです。

ガバナンスとは組織風土づくりそのものですから、ガバナンスをハードとソフトの両面から統合的に見つめることによって、「**経営トップとして、どのような覚悟をもってガバナンスに臨めばいいのか**」、すなわち「ガバナンスの要諦」に焦点を当てることができます。本書の狙いはここにあります。

委任契約って何?

そもそも「役員」とは?

ここまで特に定義をすることもなく「役員」という言葉を使ってきましたが、ここで改めて「役員」という言葉について考えてみましょう。

私が行なう役員トレーニングの講義では、受講者にまずこのように問いかけます。

「『役員』とは誰のことですか?」

「取締役」「監査役」「社長」「会長」「顧問も入る?」「執行役や執行役員は?」……講義では、このように、さまざまな答えが飛び交います。

会社法における株式会社の役員とは、**取締役、会計参与、監査役**のことを指します（会社法329条1項）。

「役員とは誰か?」と問いましたが、実はいずれも株式会社の機関です。日常的には、例えば取締役というと特定の人物を連想しますが、あくまでも会社の「機関」、つまり仕組みの名称であることには留意が必要かもしれません。

ここでまず、「会計参与って誰?」と思われたかもしれません。確かに、私も長いこと公認会計士という会計の世界にいながらも、会計参与という方

にはお目にかかったことはありません。

　ちなみに会計参与とは、2006年に改正された会社法で新たに導入された機関です。取締役や執行役と共同して計算書類などの作成を担当し、株主総会で説明を行ないます。計算書類の信頼性を高めるために、公認会計士（監査法人）もしくは税理士（税理士法人）のみが就任できます（会社法333条1項、374条）。

　会社法における役員は取締役、会計参与、監査役のことを指すと理解しました。続けて、もうひとつ質問します。

「『役員等』という場合には、加えて誰が含まれるでしょう？」

　会社法で「役員等」という場合には、特別な意味合いをもちます。取締役、会計参与、監査役に加え、**執行役、会計監査人**が含まれるのです（会社法423条）。

　会計監査人とは株式会社の機関のひとつであり、公認会計士または監査法人のみが就任できますので、会計監査人＝公認会計士・監査法人と覚えていただいてもかまわないでしょう。問題は「執行役」です。多くの方が「執行役」と「執行役員」を混同しているのです。

　まず「執行役員」とは、**会社との契約において相当程度の裁量権を与えられて執行を担当している人**のことをいいます。重要なのは、**会社法上の「機関」ではない**ということです。

　契約形態としては委任契約と労働契約がありますが、取締役と異なり、任務懈怠責任（34ページ参照）が問われるのは「故意・重過失」に限定されていることが多く（取締役は「故意・過失」で責任が生じます）、任期終了後はもとの従業員に戻るタイプの契約を結んでいる場合もあります。

一方「執行役」は、指名委員会等設置会社において業務執行及び取締役会から委任された業務執行の決定を行なう役員のことをいいます（会社法402条1項、418条）。執行役は会社法で定められた「機関」なのです。

　指名委員会等設置会社は、2003年の44社から2022年12月時点で89社。東証全上場会社数3,799社の約2.3％ですから、執行役なのか執行役員なのかを迷ったときには、おそらく「執行役員」であることの方が多いかもしれませんね。

会社との関係は「委任契約」

　こちらも、役員トレーニングの講義の始まりに問いかける定番の質問です。

「取締役・監査役の皆様と従業員との違いは何ですか？」

　このように問われると、管掌の事業部を有していると特に「名刺は変わったけれど、していることは実は今までとあまり変わっていないかも……」と気づく方がいらっしゃいます。

　そこで、再度問いかけます。

「取締役・監査役と会社とは、どのような契約関係にあるでしょうか？」

　答えは「**委任契約**」（会社法330条）です。

　委任契約とは、当事者の一方が法律行為をすることを相手方に委託し、相手方がこれを承諾することによって、その効力を生ずるものです（民法643条）。法律行為とは、当事者の意思表示により何らかの法的な効果を生み出す行為のことであり、会社から法律行為の遂行を委託されて取締役や監査役という会社の機関に就任しているのが役員の立場なのです。

逆に今まで、つまり従業員時代は、会社を「使用者」、従業員を「労働者（会社法では使用人）」とする「雇用契約（労働契約）」が結ばれていました（後述します）。従業員は会社に雇用され、その指揮命令に従うという上下関係があります。それが「委任契約」に変わったということ、この契約関係の変化は非常に重要なポイントです。

　委任契約において会社と役員は対等の関係にあり、**会社経営のプロとして、その責務を全うする自覚と覚悟**が必要です。

　もはや、事業部の利益代表という視点だけでは足りません。

　皆さんは、**全社目線での意思決定**ができているでしょうか？　部分最適ではなく、**全体最適の視点**に切り替えられているでしょうか？

2つの立場の狭間で ～モニタリングの難しさ

　実際の取締役としては、執行側の一部門を管轄しているケースがあります。例えば、「専務取締役　海外事業統括」「常務取締役　グループリスク管理統括」「取締役　常務執行役員　総務・法務担当」等々……。

　とすると、自らが管轄する執行側の部門（事業部）の利益代表である一方、全社の利益を鑑みた全体最適の視点をもてるかどうかが重要なポイントとなってきます。

　「全社目線」「全社の利益代表」、言葉で言うのは簡単ですが、自らの歩んできたキャリア、現在も背負っている管掌部門の責任を考えると、なかなか難しい視点、バランス感覚であることは言うまでもありません。

　取締役の重要な役割として相互モニタリングの機能がありますが、その際には自らの部門の利益代表の視点ではなく、全社目線で果たすことができるかどうかが重要になってきます。

　少し視点を変えてみましょう。「マネジメント」と「ガバナンス」の関係です。

　manageとは、**有限の資源を用いてやりくりすること**を意味します。誰かが何かを決める（**management**）わけですから、それを別の誰かが別の視点からチェックする（**govern、governance**）必要があるわけですよね。

　取締役は、ある意味相反する、次元の異なる難しいふるまいを求められているといってもいいかもしれません。役員としての役割は多面性を有し、その多様な視点をもつための**柔軟さ**が求められています。

従業員時代の雇用契約とは全く異なるステージに

　雇用契約とは、労働者が使用者（企業）の労働に従事し、使用者がその労働に対して報酬を支払うことを約束する契約です。労働契約法には、労働者とは**「使用者に使用されて労働し、賃金を支払われる者」**と定義されています（労働契約法２条１項）。雇用契約が締結されると、労働者は、労働保険や社会保険の加入、有給休暇の取得、使用者からの一方的な解雇の禁止など、労働法上の保護を受けることになります。

　すなわち、**委任契約と雇用契約は全く次元が異なります。**労働者は労働法で守られていますから、よほどのことがない限り使用者から解雇を求められることはありません。労働者としての身分が手厚く守られ、保証されているのです。

　一方、取締役や監査役などの役員は会社の意思決定を担う立場にありますから、従業員にはない、より強大な権限を有し、責務は非常に重く、その見返りとして、通例、労働者よりも高い報酬を得ています。しかし労働者と異なり身分を保証されているわけではないので、任期（取締役であれば１年や２年、監査役であれば４年）を全うした後、再任される保証はありません。

　もちろん企業不祥事や敵対的M&A、取締役会の意向に反する株主提案などに対峙するような有事の際には、退陣を迫られることもあるのです。臨時でも定時でも、株主総会の決議をもって解任されてしまうのです（会社法339条）。

　このように見てくると、会社法は、従業員と役員に対して全く異なるステージを想定していることがご理解いただけると思います。旧来型の日本的経営の会社において役員に就任するということは、今までの働き具合を会社に評価され認められたわけですから、大変に喜ばしく、浮足立つ気持ちもわからなくはありません。

　でも従業員時代とは、明らかに異なる強大な権限を得た代わりに相応の重

責を担い、昨今の不確実で不透明で非連続なこの時代では、安泰に任期を全うすることなど、到底難しくなってきていると言わざるをえません。

> **Comment**
>
> 　従業員の延長線上に役員というポジションがあるわけではありません。立場が全く異なります。
> 　会社の機関として、従業員とは全く異なるステージに立っているのです。

　年功序列の終身雇用制という日本型経営では、従業員が係長、課長、部長とコマを進め、その昇進のゴールに「役員」があります。「取締役ご就任、おめでとうございます！」なのです。役員室が与えられ、一昔前であれば社用車がお出迎えに来てくれたかもしれません。

　とすると、何だか自分が偉くなった気がしてしまいます。もちろん、努力してきた過程は称賛に値するものでしょうし、そういう意味では「偉い」のでしょうが、決して従業員と比べて上か下かという物差しではなく、会社の機関として、従業員とは全く異なるステージに立っていることをしっかりと自覚し、肝に銘じなくてはならないのです。

経営のプロとして必要なこと

委任契約の一例として、よく医師や弁護士の例があげられます。

例えば医師。当然のことながら、十分な医学の専門知識と高度なスキル（手技）を有し、加えて高い倫理観をもち、人格的にも優れていることが求められます。つまり患者に対して誠実な態度で向き合い、病気の治癒のために最善を尽くすことが求められているでしょう。

また弁護士。同じく法律に関する高度な専門知識を有し、依頼者に対して真摯な態度で臨み、依頼事項の法的解決のために全力を尽くすことが求められています。

このように、プロフェッショナルといわれる職業には、単に専門知識を有しているだけではなく、強い使命感ともいうべき覚悟が求められています。そしてもちろん、自らの専門性を維持するために精力的に学び続けることが不可欠であることは言うまでもありません。

役員も同じです。

・「会社から経営を委任されている」という自覚をもつこと
・経営のプロとしての責務を果たすために、その専門性を磨き続ける覚悟をもつこと

このように考えてくると、CGコードの役員トレーニングは「プロとして当然の学び」と理解できると思います。

善管注意義務の正体

そもそも「善良」って何？

　このあたりまでお話しすると、「どうも、諸手を挙げて喜んでいる場合ではないかも？」と思われる方もいらっしゃるかもしれません。

　ここで本題の**「善管注意義務」**が登場です。

民法　第10節　委任

第643条（委任）

　委任は、当事者の一方が法律行為をすることを相手方に委託し、相手方がこれを承諾することによって、その効力を生ずる。

第644条（受任者の注意義務）

　受任者は、委任の本旨に従い、善良な管理者の注意をもって、委任事務を処理する義務を負う。

さて、「善管注意義務という言葉を聞いたことはありますか？」

　役員トレーニングでは、役員の皆さんのプライドを傷つけることはご法度ですから不用意な指名はしませんが、正確な意味を述べることができなくてもかまわない旨を付け加えると、皆さん手が挙がります。

　ここでさらに問いかけます。

「『善良』とは、具体的にどのようにふるまえば『善良』なのでしょう？」

「『善良なる管理者』を別の言葉で表現してもらえますか？」

難しいですよね。

日常用語で「善良な人」というと、誠実で、素直で、正直で、礼儀正しくて……。対人関係でもトラブルが少なく、穏やかな笑顔の雰囲気、行ないやふるまいの正しい人が思い浮かびます。

果たして「善良な人」の反対語は「悪人」なのでしょうか？　悪事を重ねる、心の良くない人が「悪人」ですよね。法の想定する「善良」は、聖人すなわち最高の人徳、人格を備えた人を想定しているのでしょうか？

グループで自由におしゃべりしていただいている受講者の皆さんの会話に耳を傾けると、このような疑問をお互いにぶつけていらっしゃいます。何となく違うよね？　という雰囲気を醸し出しながら。

例えば『デジタル大辞泉』（小学館）にて「善管注意義務」を調べてみると、

「善良な管理者の注意義務」の略。
　業務を委任された人の職業や専門家としての能力、社会的地位などから考えて通常期待される注意義務のこと。注意義務を怠り、履行遅滞・不完全履行・履行不能などに至る場合は民法上過失があると見なされ、状況に応じて損害賠償や契約解除などが可能となる。

とあります。
すなわち「**業務を委任された人の職業や専門家としての能力、社会的地位等から考えて通常期待される注意義務**」であり、「**通常期待される**」という点がポイントになってくることがわかります。

COLUMN②で例にあげた医師や弁護士について、再度考えてみましょう。

いずれも高度な専門知識をもって業務にあたり、誠実に依頼者（委任者）に向き合います。当然のことながら、その高度な専門性を維持するために不断の努力を重ねています。

このように考えてくると、「善良」とは「誠実」とも言い換えることができ、「善管注意義務を果たす」とは「**プロフェッショナルとして当然の役割・責務を全力で果たす**」という意味合いであることが理解できると思います。

┃ 損害賠償責任を負っている

取締役と会社との関係は委任契約であり、故に受任者としての善管注意義務（民法644条）を負っていることを説明しました。もうひとつ大切なのは、経営の専門家としての善管注意義務を果たせなかった場合、すなわち善管注意義務違反をしてしまった場合には、**取締役は会社に対して個人として損害賠償責任を負っている**ということです。

fiduciary dutyと善管注意義務

　「フィデューシャリー・デューティ（fiduciary＝受託者、duty＝責任）」とは、受託者が委託者及び受益者に対して果たすべき義務を意味し、例えば金融業界では、金融機関が金融商品購入者に果たすべき義務という意味で用います。弁護士や医師、公認会計士などでも用いられる概念です。高度な専門的知識を有している者が、そのサービスの提供にあたって、①善管注意義務、そして②忠実義務（利益相反防止義務）を果たさねばならないという意味です。「顧客本位の業務運営」とか「お客様のために」と言い換えるとわかりやすいと思います。

①善管注意義務：業務を委任された人の専門家としての能力や社会的地位などから考えて、通常期待される注意義務のこと

②忠実義務（利益相反防止義務）：相手の利益に相反する行為をとってはならない、つまり相手の利益のために行動し、自己の利益を図ってはならないこと

　具体的に考えてみましょう。例えば医師と患者の関係です。役員トレーニングではグループを医師と患者という２つの立場に分けて、話し合ってもらいます。そして医師にとって「患者（お客様）のために」とはどのような状態のことをいうのか、考えてもらいます。

・**患者の立場**……明日、重要なプレゼンがあるのに、最悪なことに急な歯痛に襲われた。急いで歯医者に行くも大混雑、予約優先のため時間がどれほどかかるかわからない。とりあえず薬だけでももらいたかったが、診察しないと薬は渡せないと言われてしまった。

・**医師の立場**……薬だけでも欲しいと願う患者の気持ちはわかるが、医師として診察せずに薬を渡すことは、許されることではない。

　「専門的知見を最大限活用して顧客本位の行動をする」。言うは易しですが、果たして自分は相手のために最善を尽くせているでしょうか。

そもそも取締役とは?

取締役とは経営のプロフェッショナル

　取締役は株主総会で選任され、会社の業務執行その他、株主総会の権限以外の事項に関する会社の意思決定機関である取締役会のメンバーとなります。すなわち、**取締役は株主から経営を任されたプロ**であるといえます。

　一言で「株主」と言っても、個人投資家、機関投資家、事業法人とさまざまですが、いずれにしても取締役は、当該会社の株式を保有している人たち（もしくは組織）から経営を委託された立場にあります。

　先述した通り、取締役と会社との関係は、一般に委任に関する規定に従います（会社法330条）。取締役は法令・定款及び株主総会の決議を遵守して、会社のため忠実にその職務を行なわなければなりません（会社法355条）。

　また取締役は、経営の専門家として善良な管理者の注意義務を負います（民法644条）。

　善管注意義務を怠って会社に損害を与えてしまった場合、すなわち「**任務懈怠**」の場合、取締役は個人として賠償責任を問われる可能性があります。

　ちなみに「任務懈怠」とされるのは、その行為が客観的に見て取締役としての善管注意義務に違反するものであり、その点について取締役の「故意」（わざと）または「過失」（ミス）があったときです。

　これは、取締役は「**経営の専門家**」であり、経営において発生した損失は取締役の責任であるからです。もちろん、専門家として「善管注意義務」を

履行していれば、賠償責任から免れる可能性が高くなることを意味しています。

したがって実務上は、**如何にふるまえば善管注意義務を果たしたことになるのか、善管注意義務を履行していたかどうかの判断基準は何なのか**が問題になってきます。

┃ プロだからこそ「経営判断の原則」

善管注意義務を履行していたか否かの判断のポイントは、どこにあるのでしょうか？　具体的には、

・取締役会でどのような資料・情報が提出されたか？
・取締役会でどのような討議が行なわれたか？
・担当する取締役は十分に調査したうえで判断したのか？
・他の取締役は議論の内容を把握したうえで賛同したのか？

といった点が重要になってきます。
これを「**経営判断の原則**」といいます。

「経営判断の原則」とは、**意思決定の根拠となる情報の収集、検討のプロセス、導き出した結論が「著しく不合理」でない限り**、たとえその判断の結果として会社に損害が生じたとしても、取締役は善管注意義務違反としての責任を問われることはないという考え方のことをいいます。

これは経営のプロとしての取締役が、例外的にその経営判断について責任を問われる可能性がある分岐点を、裁判所が判例を通じて示しているものです。**経営のプロとして全力を尽くしたのであれば、その判断のプロセスや結果を最大限尊重する**という裁判所からのメッセージなのです。

取締役の「とても重い」責任

法的責任と経営責任

　会社法等が取締役に求める義務と責任（会社もしくは第三者に対する責任）を分類すると、次のようになります。

１．法的責任

　①会社に対する忠実義務（会社法355条）の違反

　　「取締役は、法令及び定款並びに株主総会の決議を遵守し、株式会社のため忠実にその職務を行わなければならない。」

　②会社に対する善管注意義務（民法644条）の違反

　　「受任者は、委任の本旨に従い、善良な管理者の注意をもって、委任事務を処理する義務を負う。」

　　【例】 競業及び利益相反取引の制限（会社法356条）

　③第三者に対する債務不履行または不法行為等による損害賠償責任など、法的な効果に基づくもの

２．経営責任

　経営の結果に対する責任で、法的な効果を持たないもの

善管注意義務違反が問題となる場合

　具体的に、取締役の善管注意義務違反が問題となるケースは次の通りです。

①取締役自身の業務執行に関する判断に誤りがあった場合

　・自ら法令違反の行為を行なった場合

・取締役会に上程された議案が明らかに不合理であるにもかかわらず、これに賛成した場合　など

②他の取締役・使用人の業務執行に対する監視・監督等を怠った場合

・他の取締役が法令違反の行為を行なっており、かつ、そのことを認識していたにもかかわらず、何ら防止策を講じなかった場合　など

　取締役の業務執行によって会社に損害が生じた場合に、常に取締役の責任を問うことは必ずしも適切でないと考えられています。なぜなら、取締役は経営のプロとして委任契約に基づいて経営に携わっているからです。

　したがって裁判例においては、経営判断の原則（主に①のケース）や信頼の原則（後述、①・②の双方に関連する）等の基準により、当該責任が一定程度限定されるようになっています。

「経営判断の原則」によって「裁量内」と許容される

　取締役の業務執行に関する判断に誤りがあった場合、その善管注意義務違反はどのように判断されるのか、もう少し詳しく見ていきましょう。

　取締役は会社との委任契約に基づき、経営のプロとて広く裁量権を認められています。自らの専門性を最大限発揮して十分な情報に基づいて意思決定をしますが、何をどこまですれば善管注意義務を果たしたといえるのでしょうか。

　また、人は全知全能ではなく未来を完全に見通すことはできませんし、環境も激変しています。そのような中で、時には誤った意思決定をしてしまうおそれもあるでしょう。その際には何をどこまでしていれば免責されるのでしょうか。

　経営のプロとしての判断が誤っているが故に、誤った結果が導かれている状態が生じたとき、このような場合でも、以下が満たされていれば取締役の

判断は「許容された裁量内」として尊重されます。

①判断の前提となった「事実の認識」に不注意な誤りがなかったか

　　行為当時の状況に照らし、合理的な情報収集、調査、分析、検討等が行なわれたか否か。

②判断の「過程・内容」が著しく不合理なものでなかったか

　　その状況と取締役に要求される能力水準に照らし、著しく不合理な判断がなされなかったか。

　　ポイントは**「許容された裁量内」として尊重される**という点です。つまり、判断の前提となる事実の認識に不注意な誤りをすることなく、また判断の過程や内容が著しく不合理でなければ、善管注意義務違反に問われることはないのです。（※）

　　この経営判断の原則は、委任を受けた取締役の裁量権が強大で、非常に重い責任を負わされているからこそ、判例によって導かれた考え方です。さもないと、あまりにも重すぎる取締役の任務と責任ゆえに、誰も担い手がいなくなってしまいますよね。

　　ちなみにこの経営判断の原則は、社外から独立（independent）の立場で経営に参画している社外取締役においても適用されます。社内であろうと社外であろうと、取締役としての経営に対するスタンスは変わらないということです。

※参考
東京地判平成14年4月25日判時1793号140頁（長銀初島事件）
東京地判平成16年3月25日判時1851号21頁（長銀日本リース事件）
最判平成22年7月15日資料版商事316号166頁（アパマンショップHD株主代表訴訟事件）等

何をどこまで信頼していいのか ～「信頼の原則」

　さらに、「信頼の原則」についても、ここでふれておきましょう。何か意思決定、判断するためには的確な情報に基づかなくてはいけませんが、その情報について、どのような情報であれば信頼して依拠してもよいのでしょうか。

　まずは、取締役自身の業務執行の場合です。

　経営判断の原則の適用に関して、「情報収集、調査、検討等に関する体制が十分に整備されているならば」、取締役は当該業務を担当する取締役・使用人（雇用契約を結び、雇用主に従っている人）が行なった情報収集、調査、分析等の結果に依拠して意思決定を行なうことに「当然に躊躇を覚えるような不備・不足があるなどの特段の事情がない限り」、当該結果に依拠して意思決定を行なってよいとされます。

　すなわち、他の取締役・使用人らの集めた情報を信頼する際には「**情報収集、調査、検討等に関する体制の十分な整備**」があることが前提となります。[※]

　次に、他の取締役等の業務執行に対する監視・監督等に関してです。

　「リスク管理等に関する体制が十分に整備されていれば」、他の取締役・使用人の業務活動に問題のあることを知り、または知ることが可能であるなどの特段の事情がある場合に限り、これを看過したときに善管注意義務違反が認められるとされます。

　すなわち、他の取締役・使用人らの監視・監督等に関しては、「**リスク管理等に関する体制が十分に整備されていること**」を前提としています。[※※]

※参考
東京地判平成14年4月25日判時1793号140頁（長銀初島事件）
東京高判平成20年5月21日資料版商事291号116頁（ヤクルト本社事件）等
※※参考
大阪地判平成12年9月20日資料版商事199号248頁（大和銀行事件）

経営トップの「覚悟」

◎「不正」の２つの形

　会社を揺るがすような大事件に発展する「不正」や「不祥事」には、大きく分けて２つの形があると思います。

　ひとつは「**ドラマ型**」です。非常に華やかで大胆かつ大掛かりな、経営者自身の手によって仕組まれた「不祥事」です。

　例えば2001年に起きたエンロン事件を思い返してみましょう。21,000名の従業員を抱え全米７位の売上を誇る優良（と思われていた）企業が、「会計不正を行なっている」という内部告発によって、半年も経たぬ間にあっけなく倒産してしまいました。その後内部統制ブームが起こり、日本にもJ-SOX法 が制定されたことは言うまでもありません。たくさんの暗黙知を明文化する作業に追われました。

　なぜエンロン事件が起きたのか、会社の仕組みの面から、法制度の面から、そして人の心の面からさまざまな研究がなされています。当時のエンロン経営陣がどのような思いで不正に手を染めたのか、真実は当人にしかわからないでしょうが、結果だけを見れば経営陣が自ら手を下して、大きく数字を塗り替えていた（決算書の数字を架空のものに置き替えていた）ことは揺るぎない事実です。本来決算書というものは、経営の実態を映し出す写像（鏡）でなくてはならないのに、架空の取引をもとに実態のない亡霊をつくり出してしまったのです。「全米７位の売上」というのも、今や実態のないものだったと言わざるをえません。

　その一方で、日本国内における不祥事事案は、上位目標や方針に対し、現場が「何とか達成せねば」と強迫観念に駆り立てられ、起きてしまうことが多いようです。

　非常に興味深いことは、エンロン事件のように一部の経営陣だけが関わっているわけではなく、全社をあげて「**皆で協力して頑張った結果**」の不正だということなのです。エンロンと対比させていうならば、「日

本的運命共同体型」とでもいえるでしょうか。

◎なぜ「運命共同体」なのか？

　まだまだ終身雇用を前提としてひとつの会社に勤め続けることが多い日本では、自分の所属する組織の**価値観に染まる**ことが、その組織で生きていくうえで非常に大切な処世術になっています。「**あうんの呼吸**」「**空気を読む**」というように、暗黙知を上手にやりくりできなければ、自分が居心地悪くなってしまうのです。

　明示的な指示だけでなく、暗黙的な指示もしっかりこなせる者が組織の上へと上がっていき、異論を唱えたり疑問を投げかけたり、新しいことにチャレンジしようとする人は、このような共同体的なムラ組織では必ずしも大切にされないこともあるでしょう。

　これは「不正」の観点からは決して望ましいことではありません。外界に対する**リスク感応度**を失い、**社会に、環境に、そして時代に適応できなくなってしまうおそれ**があるからです。同じ価値観をもった人たちが、いったん間違った方向に駆け出してしまったときに、それを止めてくれる人がいないのです。

　現実はまだまだ「運命共同体」的な会社が多いです。これは日本という国が島国で、他国に比べて価値観の多様性を受容しにくい民族であることも一因なのでしょう。ですから日本国内における不祥事は、上からの指示を一生懸命受け止めて行為を積み重ねた結果なのだと思います。そのため、余計に**責任の所在がわかりにくく**なってしまうのです。

◎覚悟を決める

　私は役員トレーニングの中で「経営者としての役割は何か」、そして「経営者の資質として一番大切なものは何か」という問いかけをします。そのときのキーワードが「**覚悟を決める**」という文言です。

　株式会社を例にとって考えてみましょう。

　「所有と経営の分離」により経営者として会社の経営を委任されるということ、それは従業員とその家族の生活を責任もって預かることであ

り、取引先に誠意を尽くすことであり、会社の所有者たる株主に対して説明責任を果たし、社会に存続し続けることそのものです。並大抵の覚悟ではありません。

また「善管注意義務」についてはいかがでしょう。「善良なる管理者としての注意義務を果たす」とは具体的にどのようなふるまいをすることを意味しているのでしょうか。

経営の専門家として誠実に忠実に職務を全うするということは、言うは易し、実行することは非常に難しいことだと思います。役員トレーニングでは、この「善管注意義務」について具体的事例を交えながら考察を深めます。

従業員の延長が役員ではありません。しかし日本の場合、社内取締役は、出世の延長線上で取締役に選任されることが多く、そのため業務執行を兼務することになります。するとなかなか「取締役の役割・責務」といった本質的な部分について理解が深まらないのです。

業務執行取締役は、業務執行における指揮命令系統を意識して「社長の部下」という感覚を有しており、それと同時に「自分の担当部門」の責任者という感覚が強いのはそのためです。

一方で取締役は会社全体の利益の代表者であり、社長等の経営陣に対して、適切な監督を行なうことが求められています。そのような取締役としての責務を適切に果たすためには、「業務執行者」の延長線上ではない、業務執行の「監督者」としての役割・責務を担っている点を適切に認識する必要があるのです。そのために「役員トレーニング」が求められているのです。

まだまだ日本の取締役会は**「マネジメントボードの要素」が強く、「モニタリングボードの要素」が弱い**といわれています。コーポレートガバナンスの在り方が形式から実質へと変わる中、経営者の責任がどれほど重いものなのかをしっかりと受け止め、英断し、前へ進んでいくためのナレッジと自信を育む、それが役員トレーニングの肝だと考えます。

4 ◆ 監査役の役割を知る

監査役とは？

監査役も取締役と同じく、会社と委任契約を結んでいる

監査役とは、**取締役（及び会計参与）の職務執行を監査し、監査報告を作成する常置の機関**です（会社法381条）。株式会社はその旨の定款の定めを置けば監査役または監査役会を設置することができます（同法326条2項）。

監査役会設置会社は、取締役会と監査役・監査役会に統治機能を担わせる我が国独自の制度である。その制度では、監査役は、取締役・経営陣等の職務執行の監査を行うこととされており、法律に基づく調査権限が付与されている。また、独立性と高度な情報収集能力の双方を確保すべく、監査役（株主総会で選任）の半数以上は社外監査役とし、かつ常勤の監査役を置くこととされている。

（CGコード第4章 取締役会等の責務　基本原則4 考え方より一部引用）
出所：東京証券取引所「コーポレートガバナンス・コード（2021年6月版）」

会社法やCGコードによって、内部統制システムに対する取締役と取締役会の責任が明確にされました。それに伴い監査役は、これらの職務執行が適切に果たされているかを監査する責任を負っています。

CGコードにも明記されているように、監査役は取締役と同様、委任契約に基づき就任します。

第4章　取締役会等の責務

【原則4－5．取締役・監査役等の受託者責任】

　上場会社の取締役・監査役及び経営陣は、それぞれの株主に対する受託者責任を認識し、ステークホルダーとの適切な協働を確保しつつ、会社や株主共同の利益のため に行動すべきである。

出所：東京証券取引所「コーポレートガバナンス・コード（2021年6月版）」

監査役は日本独自の統治形態

　日本の監査役制度は、もとをたどれば1890年（明治23年）に制定されたドイツ流の旧商法にさかのぼります（ちなみに民法はフランス流です）。

　旧商法では株式会社の運営体制として、基本的意思決定を行なう株主総会、業務執行を行なう取締役、監督を行なう監査役という3機関を置き、取締役は3人以上で、取締役会を設置することが義務付けられました（監査役に員数の定めはありません）。

　非常にユニークな点は、監査役就任の資格が株主に限られていた点です。会社の所有者である株主を監査役という機関で迎え入れたのですね。

　それでは、監査役はどのような権限をもっているのでしょうか。

　旧商法では、監査役に**①経営監督権限（取締役の業務監視権及び株主総会招集権）**と**②会計監査権限**とを付与しました。

　その後1950年（昭和25年）には、英米流の取締役会制度が導入されました。それにより、「経営監督」は取締役会による自己監査が原則になり、一方、監査役の職務は「会計監査」に限定されることになりました。

　さらに、証券取引法（現在の金融商品取引法）との整合性を図る中で、再び監査役に「業務監査権限」が付与された結果、「業務執行に対する取締役

会の監督権限」と「監査役の監督権限」という二重構造になり、現在に至っています。

　ドイツ流の監査役制度と英米流の取締役会制度が導入される中で、それぞれの主張が重複し、そのしわ寄せが監査役のもとに集まってしまったのですね。これが日本の監査役制度の理解が進まない一因になっていると思います。

▍独自といえば聞こえがいいが、やはりわかりにくい

　auditの語源は、ラテン語のauditusに由来します。audioと同じ語源であり、「聴くこと」「聴取すること」から派生しています。

　日本語ではこのauditを「**監査**」と訳します。監督の「監」に検査の「査」で「監査」です。「聴く」という語源からは少し遠い訳語になっていますね。

　ちなみに米国ではauditとは通例、公認会計士が行なう会計監査、すなわちexternal auditを意味しており、一方internal auditとは、会社内部で行なわれる会計監査（昨今の米国では、会計監査に加え、経営監査も行なっています）を意味します。

　すなわち、本来のauditは明治以来日本で制度化されてきた監査役の担当する「監査」とは異なり、経営者（CEO）の部下であるinternal auditorあるいは外部のexternal auditorが行なう事後的な会計検査を意味しています。

　このように米国では、経営監督は取締役が行ない、会計検査はinternal auditor及びexternal auditorが行ないます。現在の米国の取締役会で設置が求められているaudit committeeの役割は、internal auditor及びexternal auditorの独立性を検証することであり、会計検査を行なうことではありません。

　監査役という言葉が英訳できないうえに、auditの意味するところが日米で異なっています。それ故に日本の監査役制度はなかなか理解されずに、思い込みと無用な混乱に惑わされているように感じます。

　26ページのCOLUMN①でも述べたように、取締役会の監督機能とは相互

モニタリングの難しさを内包する概念です。現状も、欧米のようにCEO以外は社外役員で構成される取締役会と異なり、日本では執行権限を有する取締役が中心の取締役会ですから、如何に実効性のある相互モニタリングができるのかという点がポイントになってきます。

　そのため、監査役の独立性確保と権限強化が長年の課題になってきました。近年のコーポレートガバナンス改革の流れにおける経営監督は取締役の役割であり、2015年施行の改正会社法で監査等委員会設置会社ができた今、これからどのように変遷していくのでしょうか。

監査役会設置会社を前提に、監査役の役割とは?

監査役がなすべきこと

　まずは監査役会設置会社を前提として、監査役はいったい何をすべきなのかを考えてみたいと思います。ここでは、公益社団法人日本監査役協会が提供している「監査役監査　基本計画書」のひな型を用いて説明します。

1．基本方針

　監査役は株主の負託を受けた独立の機関として取締役の職務の執行を監査することにより、企業の健全で持続的な成長を確保し、社会的信頼に応える良質な企業統治体制を確立する責務を負っている。その責務を果たすため、監査役は取締役会その他の重要な会議に出席し、必要に応じて当会社の取締役および使用人ならびに子会社の取締役、監査役および使用人等から報告を聴取し、当会社の業務および財産の状況に関する調査等を行い、取締役または使用人に対する助言または勧告等の意見の表明、取締役の行為の差止めなど、必要な措置を適時に講ずる。また、「監査役監査基準」に準拠した網羅的な監査活動を行うとともに、当会社の経営目標達成に大きな影響を与えると予想される課題を重点監査項目として設定する。

　さらに、会計監査人、監査室、〇〇〇〇等と十分な意見交換を行い、協力体制を強化するとともに、当会社の代表取締役、取締役ならびにグループ会社の代表取締役、取締役および監査役等との意思疎通を十分に行い、体系的・網羅的な監査を実施するための環境整備を行う。

出所：公益社団法人日本監査役協会「監査役監査計画（詳細版）」、2022年
https://www.kansa.or.jp/wp-content/uploads/support/library/tool_2022/manual/A/A-005-1.docx

①株主から委任を受けていること

②取締役の職務の執行を監査すること

③企業の持続的成長を促し、良質な企業統治を実現すること

　ここに、監査役のすべてが詰まっています。

監査役の役割分担

　役割分担についても、同じく「監査役監査　基本計画書」のひな型がわかりやすいです。

II. 役割分担

　会社法において監査役の独任性が定められているが、組織的、合理的かつ効率的な監査を行うために、以下の役割分担を定める。

1. 監査役は取締役会に出席し、取締役の忠実義務違反、法令・定款違反および経営判断の合理性を監査するとともに、必要に応じて積極的な意見陳述を行う。さらに、常勤監査役は常勤取締役会およびその他重要な会議または委員会に出席し、必要に応じて意見陳述を行うとともに、監査役会に報告し、情報の共有化を図る。

2. 社外監査役には、会社法が中立な立場から客観的に監査意見を表明することを期待しており、代表取締役および取締役会に対して忌憚のない質問をし、意見を述べる。

3. 業務監査に関しては、それぞれの監査計画に従い監査室、会計監査人と協力しつつ、常勤監査役が中心となって行う。

4. 会計監査に関しては、常勤監査役が中心となり、実査立会い、計算書類閲覧等を行うとともに、監査役会は会計監査人の監査計画、重点監査項目を事前に把握した上で監査結果報告を聴取し、会計監査人監査の独立性および相当性について判断を行う。

5．監査役会は会計監査人の独立性および会計監査の相当性を担保するという観点から、会計監査報酬の同意にあたり、会計監査人の監査計画、職務遂行状況、報酬見積の算出根拠等が適切であるかについて確認する。

6．監査役会の運営については常勤監査役が監査役スタッフとともに日常的に各監査役との情報共有化を図り、各監査役の監査活動が合理的、効率的に進められるよう努める。

出所：公益社団法人日本監査役協会「監査役監査計画（詳細版）」、2022年
https://www.kansa.or.jp/wp-content/uploads/support/library/tool_2022/manual/A/A-005-1.docx

---

①取締役の忠実義務違反、法令・定款違反及び経営判断の合理性を監査すること（主として適法性監査をしていること）
②独任制であること
③業務監査と会計監査があること

　監査役は、監査等委員とは異なり、独任制で任期は４年です。実務上、有事の際は特に重い意味合いがあります。

具体的に「監査」とは何をするのか?

「監査」の内容

　監査内容についても、同じく「監査役監査　基本計画書」のひな型が有用です。実際の役員トレーニングでも、「監査とはいったい何をすればいいのか?」という素朴な疑問が呈されることが多いため（これは純粋に、「監査」に馴染みのない方が監査役に就任することも多いからだと思いますが）、「基本計画書」の項目を活用して、監査の流れを掴んでいきます。

　まずは大別して、**業務監査（＝取締役の職務の執行状況、意思決定、監督義務の履行状況の監視・検証）**と**会計監査（＝計算書類等に関する監査）**とに分かれていることを確認しましょう。

Ⅲ．監査内容

　監査役監査は、「監査役監査基準」および「内部統制システムに係る監査の実施基準」に基づいて実施する。

　　1．業務監査（事業報告等に関する監査の方法およびその内容）

　　　(1) 重点監査項目の監査

　　　(2) 取締役の職務の執行の監査

　　　(3) 取締役会等の意思決定の監査（経営判断の原則）

　　　(4) 取締役会の監督義務の履行状況の監査

　　　(5) 重要な決裁書類の閲覧

　　　(6) 主要な関係部署からの聴取および情報入手

　　　(7) 内部統制システムに係る監査（会社法対応）

　　　(8) 内部統制システムに係る監査（金融商品取引法対応）

(9) 競業取引および利益相反取引等の監査

(10) 企業集団における監査

(11) 事業報告等の監査

(12) 新規出資案件の監査

2．会計監査（計算書類及びその付属明細書ならびに連結計算書類に
　　関する監査の方法およびその内容）

(1) 会計監査

(2) 会計監査人の職務の遂行が適正に行われることを確保するため
　　の体制の確認

(3) 会計方針等の監査

(4) 会計監査人の解任または不再任に関する手続

(5) 会計監査人の報酬の同意手続

(6) 会計監査人との連携

(7) 経理部からの聴取

(8) 計算関係書類の監査

(9) 有価証券報告書の監査

出所：公益社団法人日本監査役協会「監査役監査計画（詳細版）」、2022年
https://www.kansa.or.jp/wp-content/uploads/support/library/tool_2022/manual/A/A-005-1.docx

ポイントを要約して説明しましょう。

監査役は、取締役の職務の執行状況等の監査を通じて、取締役に助言や勧告等を行ないます。また監査役は、取締役会等の意思決定において善管注意義務、忠実義務が履行されているかどうかを、「経営判断の原則」に照らして監視し検証します。

【経営判断の原則】

①事実認識に重要かつ不注意な誤りがないこと

②意思決定過程が合理的であること

③意思決定内容が法令または定款に違反していないこと

④意思決定内容が通常の企業経営者として明らかに不合理でないこと

⑤意思決定が取締役の利益または第三者の利益でなく、当該会社の利益を
　第一に考えてなされていること

　加えて監査役は、代表取締役及び業務を執行する取締役が、その職務の執行状況を適時かつ適切に取締役会に報告しているかを確認するとともに、取締役会が監督義務を適切に履行しているかを監視し検証する必要があります。

　実効性ある監査をするためには、**有用な情報を適時に入手**できることが不可欠であることは言うまでもなく、そのために関係者と**十分なコミュニケーション**をとる能力が必須なのです。

　さらに、監査役は企業集団全体に目を配る必要があります。具体的には、親会社・子会社を含めた企業集団の内部統制システムが適切に構築・運用されているか、監視・検証します。

　そのため常勤監査役は、連結経営の視点を踏まえ、取締役の子会社等の管理に関する職務の執行状況、及び子会社の役員を兼任している取締役の職務の執行状況を監視し検証するとともに、企業集団全体における監査の環境整備にも努める必要があります。

【企業集団における監査のポイント】

　①行動基準の周知・啓発に関する確認

　②親会社からの独立性の確保に関する確認

　　少数株主の利益を犠牲にして、親会社の利益を不当に図る行為を防止し
　　ているかについて確認

　③国内子会社社長等との面談

　④海外子会社に対する書面監査及び海外子会社社長との面談

　⑤支社への往査

⑥海外子会社への往査

⑦子会社監査役との面談

　これらの監査活動（主として業務監査）を通じて、事業報告が法令もしく
は定款に従い、会社の状況を正しく示しているかについて、記載内容の正確
性・妥当性を確認することができます。

　そして会計監査の適正性及び信頼性を確保するために、会計監査人と連携
するとともに、会計監査人が公正不偏の態度及び独立の立場を保持し、職業
的専門家として適切な監査を実施しているか、監視し検証するのです。

　いかがでしょうか。

　監査役のなすべきことは多岐にわたり、そのために必要な専門性も相当に
高く広範です。「監査」を経験することは、取締役にとって不可欠な全社、
全体最適の視点を養うために最適な業務であるともいえるでしょう。

---

①内部監査（経営陣直下の監査部門）におけるキャリアを取締役に就任
　するための登竜門として位置付ける
②常勤監査役だけでは足りないスキルを明確にし、社外監査役を活用し
　て、監査役会をチームとして機能させる

　経営陣として、「監査」という機能をより積極的に活用してほしいと願っ
ています。

実務上の論点 1　適法性監査か妥当性監査か

　取締役が法令・定款等に違反していないということを監査すればいいのか、
それとも取締役の職務の執行が妥当であるか否かまで監査すべきなのかとい
う論点です。

法学者のさまざまな論争があることは百も承知で端的に説明すると、以下のように整理できます。

監査役会設置会社	適法性監査 ただし、他の機関設計が妥当性監査まで行なっていることから、妥当性監査を行なうことも否定されない
監査等委員会設置会社 指名委員会等設置会社	適法性監査のみならず、妥当性監査まで行なうことが求められている

実務上の論点2　独任制の功罪

監査役会設置会社における監査役は、「**独任制**」です。すなわち、単独で権限行使ができるという非常に強大な権限を有しています。

この独任制によって、例えば有事の際に、それぞれの監査役が独立した立場の専門家として、各々の能力を存分に発揮することができる可能性もあるでしょう。

その一方で、十分な能力を有していない監査役が、あらぬ方向へ暴走してしまっても、誰もそれを止めることができないという大きな危険もはらんでいます。残念ながら、実際の現場でそのような負の側面に遭遇してしまったこともあります。

監査役というポジション・役割はグローバルでは理解されにくいですし、独任制による暴走を阻止できないというデメリットもあるということで、昨今は監査等委員会設置会社の方が人気がある……ということも、なるほど致し方ないかと思えてしまうのが、私の率直な気持ちです。

いろいろな監査

　ただでさえ馴染みが薄く、どちらかというと「見られる」「監視される」「細かいことを注意される」というような後ろ向きなイメージのある「監査」に追い打ちをかけるように、いろいろな種類の監査があることも、監査というものをわかりにくくさせている一因かと思います。

　例えば、監査役監査、内部監査、会計監査人監査、三様監査……。さて、その違いを、ざっくりでも理解できているでしょうか。

監査役監査	株主により選任された独立の機関である監査役が行なう監査 （目的）取締役の職務の遂行が法令・定款を遵守して行なわれているかどうかを監査（業務監査及び会計監査）する。
内部監査	経営者直属の組織である内部監査部門が行なう監査 （目的）経営管理組織が有効かつ効率的に運用されているかどうかを監査する。
会計監査人監査	株式会社における機関のひとつである会計監査人（公認会計士または監査法人）が行なう会計監査 （目的）連結計算書類・計算書類等が適切に作成されているかどうかを監査する。

　三様監査とは、目的が異なる監査役監査、内部監査、会計監査人監査という「三様」による監査の総称です。それぞれの役割が異なりますから、ガバナンス構築のために十分な連携がとられていることが重要です。

なお、取締役の職務の執行を監査する監査役の監査には、業務監査と会計監査とがあります。これらは、下記のように整理できます。

業務監査	取締役の職務執行が法令・定款に違反していないかを監査する適法性監査に加えて、取締役の職務執行について（著しく）不当・不合理な点がないかを調査し、取締役の善管注意義務・忠実義務違反がないかを監査する。 監査結果は、事業報告及びその附属明細書の監査報告にて行なう。
会計監査	計算書類及びその附属明細書の適正性を監査するとともに、会計監査人設置会社においては、会計監査人の監査の方法やその結果が相当かどうかを検討する。 監査結果は、計算書類及びその附属明細書についての監査報告にて行なう。

　ちなみに会社法上、監査役（会）の監査報告の内容は、株主総会において報告を求められていませんが、株主総会議案等の調査結果の報告と合わせて、監査役による口頭報告を行なうことがあります。

　すなわち、連結計算書類の内容及びその会計監査人及び監査役（会）の監査結果の報告義務については、取締役に課されています（会社法444条7項）。とはいえ、監査結果については、取締役の委任を受け、監査役が報告することも可能であり、この場合には監査役の口頭報告に先立ち、株主総会議長より、当該報告は監査役から行なわれる旨の説明が行なわれることが通例です。

監査役会設置会社から監査等委員会設置会社へ ～実務上の留意点

監査役会設置会社と監査等委員会設置会社

　監査役会設置会社から監査等委員会設置会社へ移行する会社は年々増加し、直近では東証上場企業の3分の1を超えるまでになりました。2014年会社法改正時には、新設された監査等委員会設置会社への移行は、横滑りによる社外取締役の確保かと揶揄もされていました。

　しかし時を経て、次第に積極的に監査等委員会設置会社へ移行する会社も増えてきており、ここでは監査役会設置会社のメリットとデメリットを考察したいと思います。

監査役会設置会社	・取締役会と監査役会 ・任期：取締役は2年もしくは1年、監査役は4年 ・監査役は独任制
監査等委員会 設置会社	・取締役会と監査等委員会 ・監査等委員ではない取締役と監査等委員である取締役 ・任期は1年もしくは2年 ・重要な業務執行については、執行に権限委譲可能 ・組織的監査（内部統制システムを活用した監査） ・監査等委員会は、取締役の指名・報酬について意見陳述権がある

監査役会設置会社のメリットとデメリット

　本来、会社の機関設計がいずれであっても、当初想定しているガバナンスが達成されるのであれば、何ら問題はないはずです。現に、海外の機関投資家に理解されにくい監査役会設置会社であっても、任意の指名・報酬委員会

を設置したり、社外のみのエグゼクティブセッションを設けたり、議決権は
ないにしても、それらの会議体に監査役が参加して意見を述べたり、取締役
をモニタリングできたりしているのであれば、ガバナンスの実効性は保たれ
ているといえるでしょう。

　特に有事の際に、監査役には4年という任期がありますから、むやみに退
陣を迫られることもなく、訴えられることを恐れる取締役と立場が異なって
大局的な見地に立つこともでき、場合によっては最後の砦となる可能性すら
あるのです。

　その一方で、昨今の取締役会がモニタリング・モデルを志向する中、監査
役会設置会社はどうしてもマネジメント・ボードとならざるをえません。意
思決定の最終決裁が取締役会で行なわれることになるため、付議事項が概し
て細かくなりがちであり、結果、取締役会が形骸化するおそれがあります。

　また監査役の任期が4年というのは、再任すれば8年となり、少々長めの
任期となっていることも否めません。加えて独任制という強力な権限は、や
やもすれば特定の個人にガバナンス上の強力な権限を付与していることにも
なりかねず、万一暴走されてしまったときには誰も止めることができないと
いう大きなリスクをはらんでいます。

　会社の持続的な成長のためには、**執行と監督の分離は不可欠**です。その際
に、自社がどのような機関設計を採用すべきなのか、時流に流されることな
く真剣に向き合う必要があると考えています。

監査等委員会設置会社へ移行する際の留意点

　監査等委員会設置会社へ移行する際の留意点は、次の通りです。

①取締役会の開催頻度、所要時間、アジェンダをどうするか
②重要な業務執行の決定を、どの会議体にどこまで権限委譲するか

③執行に対する監督の実効性を確保できるか

④監査等委員会の実効性、監査の実効性を確保できるか

　（常勤の監査等委員を設けるか否か、監査等委員会の補助者の有無、組織的監査の実効性確保、内部監査部門との連携等）

⑤監査等委員会と（任意の）指名・報酬委員会との関係をどうするか

⑥監査等委員ではない社外取締役との情報の非対称性を解消できるか

第4章　取締役会等の責務

【原則4−4. 監査役及び監査役会の役割・責務】

　監査役及び監査役会は、取締役の職務の執行の監査、監査役・外部会計監査人の選解任や監査報酬に係る権限の行使などの役割・責務を果たすに当たって、株主に対する受託者責任を踏まえ、独立した客観的な立場において適切な判断を行うべきである。

　また、監査役及び監査役会に期待される重要な役割・責務には、業務監査・会計監査をはじめとするいわば「守りの機能」があるが、こうした機能を含め、その役割・責務を十分に果たすためには、自らの守備範囲を過度に狭く捉えることは適切でなく、能動的・積極的に権限を行使し、取締役会においてあるいは経営陣に対して適切に意見を述べるべきである。

補充原則 4−4①

　監査役会は、会社法により、その半数以上を社外監査役とすること及び常勤の監査役を置くことの双方が求められていることを踏まえ、その役割・責務を十分に果たすとの観点から、前者に由来する強固な独立性と、後者が保有する高度な情報収集力とを有機的に組み合わせて実効性を高めるべきである。また、監査役または監査役会は、社外取締役が、その独立性に影響を受けることなく情報収集力の強化を図ることができるよう、社外取締役との連携を確保すべきである。

出所：東京証券取引所「コーポレートガバナンス・コード（2021年6月版）」

自社に合った機関設計を考える

　2023年初夏の現在も、日本の上場企業の過半は監査役会設置会社であり、取締役が業務を執行し、監査役がこれを監督しています。

　その一方で、2015年5月施行の改正会社法で定められた監査等委員会設置会社が増加しています。また指名委員会等設置会社は、2003年4月施行の商法改正によって「委員会等設置会社」として導入され、2006年5月施行の新会社法によって「委員会設置会社」、さらに2015年5月施行の改正会社法で「指名委員会等設置会社」となりましたが、当初の44社から比して、微増に留まっています。

　2022年8月3日に東京証券取引所が公表した「東証上場会社における独立社外取締役の選任状況及び指名委員会・報酬委員会の設置状況」によれば、会社法上の機関設計の選択状況は下記の通りです。

全上場会社	指名委員会等設置会社	監査等委員会設置会社	監査役会設置会社
3,770社	88社 （前年比＋7社） 2.3%	1,392社 （前年比＋155社） 36.9%	2,290社 （前年比△127社） 60.7%

　指名委員会等設置会社は、指名委員会・監査委員会・報酬委員会という3つの委員会を通じて経営全般を監督する取締役と、業務を執行する執行役とを分離した組織形態をもつ株式会社です。

　3つの委員会は取締役会内部に設置され、いずれも委員の過半数が社外取締役で構成されなくてはなりません。株主保護の観点から厳正な監督を行なうことが期待されており、執行役が業務を執行し、取締役がこれを監督します。取締役会が執行に対する監督機能（会社法362条2項2号）を果たすというガバナンスの観点からは、一番望ましい、もしく

はあるべきと考えられている機関設計といえます。

　ちなみに「**監督**」とは、執行側が取締役会の決定通りに、その裁量権の範囲内で誠実に執行していることを確認し、必要に応じて是正を求めることをいいます。「**activeなoversight**」ともいわれ、大局的な視点が求められ、「監査」とはニュアンスが異なります。

　監査等委員会設置会社は、取締役3名以上（過半数は社外取締役）で組成される監査等委員会が、取締役の業務執行を監査する株式会社のことです。2015年5月施行の改正会社法において、取締役会による経営の監査機能強化の観点から、**①監査等委員会設置会社の導入**と**②社外取締役を置くことが相当でない理由の開示**等が盛り込まれました。

　CGコードにもあるように、それぞれの機関設計に優劣はありません。**会社の実態に即して、自社に合った機関設計を行なえばいい**のです。

　その一方で、監査等委員会設置会社が増加しているという現実があります。これは、指名委員会等設置会社に移行してモニタリングボードとしての実効性を高めることは相当に大変でハードルが高いけれど、グローバルにも理解されにくい監査役会設置会社よりは、よりガバナンスが効いているように「見える」監査等委員会設置会社へ移行してしまおうという流れがあるのかなと感じます。

　ここで「よりガバナンスが効いているように見える」と書いたのは、いくら形だけを整えても、実態が伴わなければ不祥事は減らないぞという、公認不正検査士として不祥事に向き合ってきた経験からくる、皮肉な思いなのかもしれません。

会社は誰のもの？　誰のためのもの？

「1つの航海、事業ごとに出資者を募り、お金を集めて事業をする」という仕組みの延長に、現在の株式会社があります。

「株式会社の事業に賛同した人々が出資をし、その見返りとして株式を保有する。株主は自分が出資した持分に応じて、会社を所有する」

すなわち、株式会社のオーナーは株主なのです。

株式会社の出資者である社員（株主）の地位を株式といい、株式は細分化されています（会社によっては億単位の数に分けられています）。そのため株式会社では1株当たりの出資額が少額となり、広く大衆から零細な資金を比較的容易に集めることができるようになり、大規模な会社をつくることが可能となるのです。社員の地位の大きさはその株主の個性などではなく、株式を何株保有しているかという客観的な持株数で決まります。

つまり、誰が株式を取得したとしても、その者は取得した株式数に応じて平等に取り扱われるため、会社にとっては誰が株主となっても法的な差異はないということになるのです。

株式会社の株主も、合名会社や合資会社の社員と同様に、会社の実質的所有者です。ただ、株式会社の株主は多数存在することが予定されており、日常的に会社経営に共同して関与することは物理的に不可能です（上場企業には数千万株もの株式を発行している会社が多数あります）。加えて一般の株主は、企業経営の意欲も能力も乏しいのが通常です。

そこで会社法は、会社の業務執行は取締役に委ねて強い権限を与え、それに応じた責任を課しています。そして株主で構成される株主総会では、会社に関する事項の決定については、定款で取締役会を設置して、基本的事項のみを決定することもできるようにしているのです。

このように株式会社では、会社の経営を株主から切り離して経営の専門家に委ねるという**「所有と経営の分離」**を制度化しているのです。

accountとaccountability

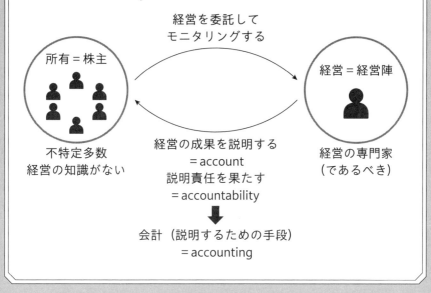

5 ◆ まとめ

　平時であれば、もしくは昔のような時代であれば、取締役というポジションの楽しみ方も違ったかもしれません。

　しかし2015年にCGコードが導入され、明示的にも取締役の立場は大きく変わりました。

善管注意義務を果たしていく覚悟があるかどうか。

　役員トレーニングでは、「善管注意義務」に多面的に焦点を当てて、如何に善管注意義務を果たしていくのかを語り合います。そして善管注意義務を果たすとはどういうことなのか、その具体的なふるまいの在り方を探ります。

①会社法の世界観をしっかり理解したうえで、

②自らの役割を認識することの大切さを知り、

③役割を果たす明確な覚悟をもつこと

　これが、本章でご理解いただきたいすべてです。

【第 1 章 参考文献】
・中島茂『取締役の法律知識（第 4 版）』、日本経済新聞出版、2021年

経営トップとしての
リーダーの資質

ガバナンスのソフト面

1 ◆ リーダーシップとは？

リーダーたるもの、かくあるべし？

❙ リーダーたるもの、カリスマ性が必要か？

　第1章では、ガバナンスのハード面の基礎知識を学びました。さて第2章では、経営トップが自らの立ち位置を定めるために、どのようなリーダー像を描けばよいのか、どのような視点をもてばいいのかを考えていきましょう。

　「リーダーたるもの、カリスマ性が必要か？」と問われれば、答えは「否」。必ずしもいわゆるカリスマ性は必要ないと思っています。

　ここで「いわゆる」と申し上げたのには、理由があります。カリスマとはドイツ語の「Charisma」、すなわち元はギリシャ語の神の賜物を意味しており、預言者や呪術者、英雄などの超人的な天賦の資質を意味する言葉だからです。

　リーダーシップとは集団をまとめ、その目的に向かって導いていく機能のことです。「leadership」、すなわち「lead」導く、「er」人の、「ship」ふるまいや姿勢という感じでしょうか。

　リーダーというと、その言葉からやはり、著名人を思い浮かべがちです。

　例えば役員トレーニングで受講者の方々に、「あなたが思い浮かべるリーダーとは？」と問いかけると、業績好調の会社の著名経営者だったり、自ら会社を起こし、一代で上場会社にまで成長させた人だったり、誰でも知って

いるような大企業でかつて社長をしていた人だったり。成功して財をなし、名前が世に知れ渡っている、そんなイメージの方々が多いです。

　中には、歴史上の英雄や戦国武将だったり（群衆を率いて勝ち上がっていく、勝利を手にするイメージが強いのでしょう）、また野球やサッカーの有名選手の名前をあげる方もいます（チームを率いて勝利に導くイメージがあるのでしょう）。

　これは何を意味しているのでしょうか。

　leadそしてleaderという言葉から、皆さん、無意識に「集団を引っ張る力」「牽引力」を強くイメージしているように思います。皆の輪の真ん中にいて、あるべき方向へ導いている指導者のようなイメージです。

　もちろん、リーダーシップを「指導力」「統率力」などと表現することが多いことも影響しているでしょう。

　このような有名人、著名人、歴史上の偉大な人物を思い描いてしまっては、自分はあのようにはなれないとか、そもそも自分はあの人とは違うというような心理的な障壁が生まれてしまいます。

　しかし、そうではないと思うのです。リーダーシップとは、もっと広い意味をもった言葉です。率先垂範、強い力でぐいぐいと引っ張るだけではなく、物静かであってもよいのです。

　いずれにしてもリーダーシップとは、周囲の人々に影響を及ぼし、もしくはその人の魅力のもとに何となく人々が集まってくるような、**「周囲に影響を及ぼす力」**のことなのです。「影響力」と言い換えることもできるでしょう。

　周囲の人に影響を及ぼすことで、人々に気づきを与えたり、心を動かしたりしながら、人々の行動を変え、組織風土を変えていくことのできる力。すなわち、組織の中で目標を定め、組織を維持しながら成果を出す能力がリーダーシップなのです。

そのためには自分の思い・想いや考え方を相手に伝え、理解してもらう必要があるわけです。

①自分の思い・想いを言葉にすること
②相手に受け取ってもらえるように、自分の思い・想いを伝えること

が大切であることは言うまでもありません。

┃ リーダーシップは人それぞれ

リーダーシップを広く「周囲に影響を及ぼす力」と捉えるならば、いろいろな形があってもかまわないことがおわかりいただけるでしょう。もちろんカリスマという言葉を人々の心を惹きつける強い魅力と定義するならば、そのような意味でのカリスマ性はあるに越したことはありません。

実際に役員トレーニングでお会いした社長の皆さんを拝見していると、もちろん声もジェスチャーも大きく、自信に満ちた堂々とした方も大勢いらっしゃいます。牽引力の強いタイプですね。

その一方で、非常に興味深い現象として、一見どなたが社長なのかわからないことも時折あります。もちろん、役員トレーニングのときには座席を指定（忖度ない議論の活性化のために、社長と同じグループになっていただく方の選考は熟考を要します）しているのですが、何か特別なオーラを背負っているわけでもなく、穏やかで物腰も柔らかく、ごくごく自然な雰囲気で、いち受講者として参加している社長もいらっしゃるのです。

そのような場合でも、よくよく観察していると、座席表を確かめなくても、どなたが社長か見当がつくことがあります。特別に話し上手でも圧があるわけでもないのですが、でも自然と人を惹き寄せるような魅力に包まれているのです。

　私が彼らの仕事におけるふるまいを知らず、あくまでも役員トレーニングという一側面でのお付き合いに過ぎなかったからかもしれませんが、少なくとも私が出会ってきた社長の皆さんには、いわゆる人としての魅力に溢れる方が多かったように感じます。

　リーダーシップの形は人それぞれであって、何か画一的にこうあるべしと決められるものでもありません。

　もちろん組織であれば、その組織のあるべき姿（経営理念やパーパスなど）を共有し、目標（年度利益や売上、中期経営計画上のKPI指標など）に向かって人々を導く必要があるでしょう。そのためには、人としての魅力だけでは十分ではなく、ビジネスに必要な専門的能力やスキル・経験も必須であることは確かです。

　また平時の組織なのか、有事の組織なのかによっても、リーダーシップの在り方は変わってくることも忘れてはなりません。

　まずは、自分がどのようなタイプのリーダーなのかを客観的に理解する。それが大切なはじめの一歩となります。

リーダーシップとフォロワーシップ

▎ドラッカーの考えるリーダーシップの要件

　実に、リーダーシップ論は群雄割拠、さまざまな学者や研究者、実務家が持論を展開しており、論者の数だけリーダーシップ論が存在するといっても過言ではありません。特に近年は、リーダーシップは先天的な才能や資質というよりも、後天的に身につけ、発揮すべきものと捉えられる傾向があります。

　一例として、マネジメントの祖といわれるピーター・F・ドラッカー（オーストリア生まれの経営学者、1909-2005）の考えるリーダーシップ論を考察してみましょう。

　ドラッカーが掲げる「リーダーシップ」には3つの要件があります。リーダーシップに必要なのはカリスマ性ではなく、人格を高めることと考えます。

①リーダーシップは仕事である

　ドラッカーはその著書で、リーダーシップは「資質ではなく仕事」であると述べています。組織の目標や優先順位、基準を定めて維持することを、仕事として発揮することが、ドラッカーにとってのリーダーシップの1つめの要件です。

②リーダーシップは責任である

　ドラッカーはリーダーシップを「地位や特権ではなく責任」であると考えています。うまくいかないときもその失敗を人のせいにせずに、すべての責任を背負う潔さをもつことが、「部下を激励し、前進させ、自らの誇りとする」という理想のリーダーシップにつながるという考え方です。

③リーダーシップは信頼である

　ドラッカーはリーダーに関する唯一の定義として「**つき従う者がいること**」をあげています。「つき従う者」とは、リーダーを信頼して自らの意思で従う人を意味し、決して強制されているのではありません。さらに「信頼」とは「リーダーを好きになることではない。**常に同意できることでもない。リーダーの言うことが真意であると確信をもてることである**」と説明しています。

　このようにドラッカーの考えるリーダーシップとは、ある意味非常にドライであり、シンプルです。特に「つき従う者」がいるかどうかで、リーダーシップの成否が決まるといっても過言ではありません。

　その前提となる「信頼」についても、リーダーのことを人として好きになるとか、人格的に尊敬するとかいうようなウェットな意味合いではなく、あくまでもリーダーの意思決定やふるまいに「確信」がもてることであり、常に同意できなくてもかまわないと述べている点に特色があります。

┃ フォロワーシップとは

　それでは、フォロワーシップについて解説しましょう。

　「follow」には、従う、続く、後についていく等の意味があります。とすると、「follower」とは受動的についてくる人という意味になってしまいそうですが、ここでいうフォロワーシップには、もう少し積極的な意味合いがあります。すなわち、リーダーシップに対するフォロワーシップとは、**チームの成果を最大化させるために、自律的かつ主体的にリーダーや他のメンバーに働きかけ支援すること**をいいます。

　例えばリーダーの意思決定や行動に誤りがあると気づいた場合には、積極的に意見を述べます。チームがより良い方向へ進むように、主体的に行動をするのです。決して、黙ってついてくる人のことではありません。

このようにフォロワーシップとは、リーダーも含めて、チームの全員に求められる姿勢です。お互いに支え合い、影響し合ってゴールに進んでいくのです。

環境変化の激しい時代だからこそ、リーダーだけにおんぶに抱っこ、頼り切るのではなく、メンバー全員が主体的に、自律的にふるまうことが求められます。リーダーのリーダーシップが適切に発揮されるように、**組織全体が有機的に相乗効果を及ぼし合っている状態**といってもいいでしょう。

役員トレーニングでは、まず、取締役会のチームワークとしてリーダーシップとフォロワーシップの話をします。社長をリーダーとすれば、他の取締役らはフォロワーですから、取締役会では、どのようにフォロワーシップを発揮すればいいのかについて、討議をします。

また取締役自らに管掌部門があるのであれば、自分がリーダー、部門の構成員がフォロワーです。そういう意味でも、リーダーシップとフォロワーシップは、単なるマネジメント研修の1テーマではなく、経営層にとっても不可欠の概念です。

┃ フォロワーシップを発揮するためのポイント

ドラッカーの言うように、リーダーシップが「仕事」であり「責任」であり「信頼」であるならば、同様にフォロワーシップも「仕事」であり「責任」であり「信頼」であるといえます。またリーダーシップを後天的に身につけ、発揮すべきものと捉えるならば、フォロワーシップも同様に後天的に身につけるべきものでしょう。

以下、フォロワーシップを発揮するために必要なポイントを考えてみましょう。

①リーダー、すなわち意思決定権限を有する者は誰かを明確にする

　例えば、社長が決裁権者なのであれば、社長が的確に判断を下せるように環境を整える必要があります。一方、取締役会として決議をする場合には、お互いにフォロワーとなり、組織としてより良い判断が下せるように、議論を導く必要があります。

②全体最適の視点から、積極的に発言をする

　組織においては、他者の管掌については遠慮しがちです。とはいえ、取締役は全社目線での利益を考えなくてはならないわけですから、**相互モニタリング**の精神にのっとり、積極的に発言することが望まれます。

③ありたい姿と時間軸を明確にする

　一般に、議論がかみ合わないときには、目指しているゴールが時間軸の差で異なっていることがあります。例えば1年後を目指してなすべきことと、5年後のありたい姿とは異なっていることもあるものです。

　議論の時間軸が短期なのか中長期なのか、またありたい姿はどこにあるのかを明確にして、議論を進める必要があります。

　このように、リーダーそしてチームに対し、フォロワーとして的確で積極的な発言をするとともに、**お互いがsupportive（支持、支援し合う）な信頼関係を構築することが不可欠**です。

　フォロワーシップは上下、左右に発揮されるものですから、良好なフォロワーシップが発揮されれば、例えば現場の状況を知り、不祥事のようなマイナスの情報も耳に入ってくるようになります。積極的な発言を通じて、**当事者意識**を育むことができるのです。

　そのためにも、役員トレーニングでさまざまなテーマについてグループワークを行なうことは、取締役同士、お互いの素地、ものの見方・考え方や価値観を知るうえで、大変に貴重な機会となっています。

リーダーにとって本当に必要な資質とは?

そもそも資質とは何か?

　資質とは、**生まれつきの性質や才能、資性、天性**のことです。生まれついてもったものという意味では「素質」と似ていますが、「資質」は「素質」のような生まれつきの身体的な能力というよりも、性格や性質という精神的なものに重きを置いた言葉です。それ故、職業に対して、その役割を認識するために使われることの多い言葉です。

　また、役員に求められる「資質」を語る際に、「**知見**」という概念も登場します。「知見」とは知識や見識のこと、すなわち、自らのキャリアを紡ぐ中で後天的に得られた、もしくは意識して獲得してきた知恵、鋭い判断軸やものの見方・考え方、スキルや経験のことをいいます。

　リーダーにとって本当に必要な資質は、結局のところ「**周囲を巻き込む影響力**」なのではないかと感じます。

　組織は人で成り立っています。組織を動かすということは、中にいる人を動かすことに他ならず、結局は周囲の人を巻き込んで動かしていく影響力が大切なのです。

「人」の側面と「仕事」の側面

　その際に、非常に興味深い現象があります。資質を語るときに、「人」の側面から語る人と「仕事」の側面から語る人に分かれるのです。

　実際の演習では、「**リーダーにとって本当に必要な資質は何でしょうか?**」と問いかけ、思いつく限りの言葉をメモしていただいているので、自分が

「人」と「仕事」のどちらに寄っているかがすぐにわかります。

　すなわち、人のふるまいや性格、ものの見方・考え方の特徴に重きを置いて資質を表現する人がいます。例えば、明るい、積極的、声が大きい、親分肌、誠実、実直、几帳面、仲間が多い……等々。

　その一方で、仕事の進め方や有している専門性や技術力、ナレッジなどを中心に資質を語ろうとする人もいるのです。例えば、業務に対する専門知識、資格、タイムマネジメント力、PDCAの推進力……等々。

　どちらが良い悪いではなく、その人の物の見方・考え方の特徴です。自らのあげた単語を見て、「人」の側面の言葉が多くあがっているのであれば、「仕事」の側面から表現できる言葉を探してみる、逆も然りというように、自らの思考の癖を掴みます。

　これは「人が良い」だけ、もしくは「飛び抜けた専門性」を有しているだけでは、リーダーシップを発揮しづらいことを意味しています。職場は仲良しクラブではありませんし、その一方で、コミュニケーションもなく仕事ばかりこなしているだけでも、成果はあがらないのです。

　グループでおしゃべりタイムを設けることで、お互いの価値観の相違にも気づくことができます。お互いのものの見方・考え方の違いを知ることで、実際の取締役会での討議も、より闊達なものになっていきます。これこそが役員トレーニングの成果であり、醍醐味のひとつであると感じます。

　さて皆さんは、自分が「人」の側面が強いのか、「仕事」の側面が強いのかを認識したことはありますか。自らの強み弱み、特徴や癖を知ることこそ、リーダーシップを通じて成果を発揮するための第一歩です。

組織は生きている

| 現在の延長線上に、未来はあるか？

　人々が集まって組織をつくります。その組織とはどのようなものであるのか、考えていきましょう。

　1992年、ドラッカーは、その著書『未来企業——生き残る組織の条件』の中で、非常に興味深く、示唆に富んだことを述べています。少し長くなりますが引用してみましょう。

　現在のような世界経済と世界政治の移行期にあって、最も危険なことは、政府や企業が昔からの馴染みの「現実」を基にその考えを定め、決定を行ってしまうことである。その誘惑は、あまりにも大きく、ほとんど不可避である。昔からの現実は、あまりに長い間有効であり、あまりに長い間慣れ親しまれてきたものだからである。

　しかし、それら昔からの現実にもとづいた意思決定は、必ず間違ったものとなる。そして、そのとき、皆がスケープゴートを求める。責めるべき者を捜す。

　「意思決定に携わる者、特に企業人は、いかにして変化を見、いかにして昨日の前提を捨てるかを知らなければならない。そして正しい意思決定の基礎とすべき現実が何であり、事実が何であるか、新しい傾向が何であり、機会が何であるかを知らなければならない。

出所：P.F.ドラッカー 著、上田惇生・佐々木実智男・田代正美 訳『未来企業—生き残る組織の条件』、ダイヤモンド社、1992年

人はどうしても、過去、現在、そして未来がつながっていると考えていたいものです。しかし今般のコロナ禍で世の中が一変してしまったように、現実は非連続の繰り返しです。

　例えばコロナ禍により、働き方が変わりました。リモートが当たり前になり、移動時間がない分、過密なスケジュールを効率的にこなすことができるようになりました。

　2023年初夏の現在、少し緩和されたものの、少し前まではマスクを着けて密を避けていました。当たり前だった学校での対面授業も様変わりし、アクリル板を介した黙食風景もありました。まだまだ自由に海外へ行く日本人も、それほど多いわけではありません。

　そう、現在の延長線上に未来があるわけではないのです。**世の中は非連続の連続**なのです。

▍非連続を受け容れる

　コロナ禍が事業にもたらした影響についても考えてみましょう。

　この困難な現実を乗り越えるために、どの企業も必死です。まさしく船の舵取り、すなわちガバナンスの在り方が試されているといっても過言ではありません。

　その一方で、今一度立ち止まって考えるに、そもそも自社のビジネスは、将来的にも安泰でしょうか。安泰とまでいわなくても、そもそも永続し存続しているものでしょうか。

　コロナ禍になってガラポンが起きました。すると、そもそもの地盤、自らの立ち位置が揺らいではいないでしょうか。

　変化が激しいばかりか、非連続な時代です。とするならば、現在を起点として意思決定することは、ドラッカーが言うように大変危険なことだと感じ

ます。

　今こそ、そもそもの戦略を見直すタイミングであり、**変化へ適応するチャンス**でもあると思います。自分たちの戦っているマーケットはどこか、ライバルは誰か、自らの強みや優位性は何か。非連続であることを受け容れ、未来へ向かうストーリーを描けるか、その覚悟が経営者にあるかどうかが、その企業の命運を決める分岐点になるのでしょう。

健全に成長していく組織をつくる

多様性を受け容れることのできる組織であること

　健全な組織には、いくつかの要件があります。これは長年、不正調査やコンサルティングなど、何らかの形で組織に関わる中で、私が確信していることのひとつです。このガバナンスの要諦ともいうべき要件を考えてみましょう。

①多様性を受け容れることのできる組織、すなわち、リスク感応度が高く、変化に気づき、適応していく力をもっている組織であること

　まず何よりも重要なことは、多様性、すなわちお互いの価値観の違いを認め、受け容れることのできる組織であることです。

　すなわち組織として閉じていないこと、またオープンであることといってもいいかもしれません。同質的な人たちで形成される閉鎖的な組織風土の反対です。

　なぜでしょうか。理由は、簡単です。組織にとって人はかけがえのない財産だからです。

　人はそれぞれ価値観、ものの見方・考え方が違います。それは個性そのもの、すなわち、どこに生まれ、育ち、どのような教育を受け、どのようなキャリアを築いてきたかということに他なりません。異なって当然なのです。

　価値観が異なれば、それが軋轢となることもあるでしょう。しかし異なる見方・考え方の中には、何らかのヒントが隠されていることがほとんどです。それは組織でいえば、リスク感応度そのものです。時代の流れ、社会からの期待、常識とされるその時代の価値観等、それらの変化に敏感で

あること、そしてその変化に適応していく能力そのものに直結するからです。

②①のために、情報共有をすること

リスク感応度を高め、変化に気づき、その変化に適応していくためには、組織のガバナンスに関する重要な情報（経営戦略、あるべき姿、組織の方向性を決する意思決定等）が極端に限定されたトップの当事者のみではなく、状況に応じて広く組織メンバーに共有されている必要があります。

なぜなら、同質的かつ閉鎖的な空間では、視野も狭く、異物や脅威に気づくことができないからです。今までどおりの延長線上に未来があるならともかく、不確実性の高い時代こそ、多様な視点を活かして英知を結集する必要があります。同質的な人たちだけではリスク感応度が低下しており、意思決定を誤るおそれがあるのです。

もちろん、最終的な意思決定は、意思決定権限をもっている当事者たちがなすものです。その一方で、その意思決定プロセスにおいては、多様な視点を積極的に取り入れていく姿勢が大切です。

③①、②のために、説明責任（accountability）を果たすこと

多様性のある組織では「あうん」の呼吸が通用しません。情報の受け手が理解できるように、適切に説明する必要があります。情報は発信するだけではなく、相手が受け取ることができて初めて活かされるのです。

④ガバナンスを整える、すなわち経営の仕組みを構築すること

組織は人と仕組み（いわゆるルール・規則も含む）で成り立っています。例えば会社であれば、儲けることは必須であり根幹ですから、持続的に儲け続けるための仕組みが必要なのです。

多様な意見を取り入れて重要な意思決定をしていく、経営の方向性（戦略やあるべき姿）を決めていく、そのために必要な情報を入手し、利害関

係者と共有していく、意思決定の在り方や結果のPDCAを回し、より良い組織へと改善をする、利害関係者に説明責任を果たすなど、適切な仕組みを構築することで、余計な労力をかけずに繰り返すことができます。

　もちろん、仕組みは構築した途端に硬直します。時代が変わればそぐわなくなることもあるでしょう。過去の成功体験の遺物となってしまうおそれもあります。

　そのために仕組みを**柔軟に見直す**こと、仕組みの不具合を現場から吸い上げる姿勢がトップに求められることは言うまでもありません。

⑤外部の視点を活用すること

　以上の①〜④を適切に実行するためには、外部の視点を活用することが有用です。取締役会における社外役員の登用はまさしくガバナンスを実効あらしめるための、大切な仕組みです。

　外部の人には、その組織の風土や文化がわかりません。暗黙知を知らないのです。すると、外から見た「常識」で社内を見渡すことになります。会社の常識は世間の非常識といわれるように、組織の「ムラ」特有の概念に疑問を呈することができるのです。

　同質的、限定的なメンバーだけでは、どうしても思考が偏ります。外の目に晒されることによって、時には耳の痛いような意見を素直に受け容れながら、自分たちだけで意思決定してはリスク感応度が低く危険であることを認識する必要があるのです。

　そのためにはもちろん、例えば社外役員であれば、その専門性やキャリア、資質が大切であるばかりではなく、**独立性（independence）**が最重要であることは言うまでもありません。

　以上の要件が揃い、有機的に連鎖することによって、組織は魅力を増し、人を惹きつけるようになります。

もちろん組織で活用できる人を積極的に育てること、働きがいをもてるように努力し続けることが、健全な経営を持続する組織であるために不可欠であることは言うまでもありません。

鍵となるのは、やはり「多様性」

健全な経営を持続できる組織を考えた際に、必須かつ不可欠な概念として「多様性」をあげました。本書のテーマである「ガバナンス」は組織風土づくりそのものです。**ガバナンスを司る組織のトップである経営陣が、「多様性の受容」を如何に理解するか**が、組織風土づくり、ひいてはガバナンスの成否を握るといっても過言ではありません。

多様性は、健全な組織を存続するためにも、またガバナンスにおいても、非常に大切な概念です。第4章にて詳述します。

マジックワードとしての「多様性」

　「コンプライアンスを徹底する」「ガバナンスを構築する」「多様な価値観を受容する」……これらの言葉に共通するのは、何となくわかったような気分になる（が、その実はよくわかっていない）マジックワードであるという点です。

　会話に混ぜるとスパイスが効いて格好いい感じもしますが、いわゆる思考停止ワード（その言葉を使ったことによって、本質を理解できていないのにわかった気になってしまう言葉）なのです。

　「コンプライアンス」や「ガバナンス」は英語をそのままカタカナにしているからでもあるでしょう。「法令遵守」や「企業統治」と訳した途端に、ニュアンスがズレてきますね。

　一方、「多様性」は「ダイバーシティ」を日本語に訳したもの。世の中にはいろんな価値観の人がいて、お互いに認め合おうという意味合いと考えれば、比較的理解しやすいのかもしれません。

　ただし、そこが曲者だと思っています。

　確かに、多様性（ダイバーシティ）は、性別、人種、年齢、国籍、経験等の相違を個性として受け容れることではありますが、人は同質であることに心地よさを感じますし、異質に脅威を抱きます。ということは、「本当に」多様性を理解することは相当困難だと思うのです。

　組織に多様性を本気で根付かせたいのであれば、「多様性」という言葉をいったん封じてみるのも一法でしょう。その組織にとって求められる「多様性」を別の言葉で表現することによって、具体的な施策に落とし込んでいく努力が必要だと思うのです。

3 ◆ 経営トップの資質とは?

役割を果たすために

求められる資質とは?

　役員トレーニングをする際に、私が必ず最初にする問いかけがあります。それは「**あなたにとって、役員として大切な資質は何だと思いますか?**」という問いかけです。

　ちなみに私の講義では、4〜5名でグループをつくり、自由におしゃべりができる環境をつくります。

　役員トレーニングで扱うテーマは、唯一の正解がない事柄も多いですから、独りで考えていても行き詰まってしまいます（そして大概の場合、思考停止に陥ります）。少しの間、自分なりに考えていただいた後は、相手に話すことによって、お互いの思考を刺激し合ってもらうのです。

　少し横道にそれますが、本書を読んでくださっている方の中には、役員がグループワークをしている光景を想像しにくい方もいらっしゃるかもしれません。役員トレーニングといえば、高名著名な大学教授や経営者、ジャーナリストなどをお招きして、静かに座して壇上からのありがたいお言葉を拝聴するといったイメージをもたれる方もいらっしゃるかと思います。

　もちろん、そのような講演会形式も有益です。修羅場を潜り抜けてきた著名な経営者の実体験はそれこそ生々しく、心打たれます。大学の先生方の研究成果を教えていただけることも、大変に貴重な機会です。

その一方で、経営を我が事として、明確な当事者意識をもっていただくことが私の担当するトレーニングの最大の目的ですから、そのためには真の自分に徹底的に向き合う必要があり、内省し深く考え抜くためにも、他者と語り合い、結果として自らを知る時間が不可欠なのです。

さて、話を戻します。まずは2～3分、「役員として大切な資質」について自分ひとりで考えて、「思いついた言葉」「頭に浮かんだ言葉」「資質という言葉から連想されたイメージ」等をメモしていただいたうえで、グループのメンバーと話し合う時間をもちます。

「よく考えてみると、そもそも資質って何だろうね？」という声も聞こえてきます。私の講義ではスマホの検索も自由ですから、「もって生まれた才能や性質のことだね」などというやりとりも聞こえてきます。

以前、とある会社（商社の子会社でした）で、非常にユニークな回答を述べられた役員の方がいらっしゃいました。何だと思いますか？

「役員として大切な資質は愛だよね！」とクラスの皆に向かって言い放たれたのです。

その方の発せられた「愛」という言葉には、仕事に対する情熱、従業員を慈しむ想い、自社の商品・サービスに対する愛着、そしてもちろん、会社に対する深い愛情が含まれていました。実は「愛」という言葉が飛び出したのは、後にも先にもそのクラス限り。大変に驚き感動するとともに、非常におもしろく興味深い現象だなと思いました。

先述した通り、資質を問うと、大別して「仕事」の側面から回答する方と「人」の側面から回答する方に分かれます。すなわち、仕事を遂行するために必要な能力やスキル（例えば、ビジネスや業界に対する深い専門知識やマネジメント力など）をあげる方と、人脈やリーダーシップ、人としての魅力や周囲を巻き込む力などをあげる方がいて、自らが「仕事」面からアプロー

チするタイプなのか、「人」の側面からアプローチするタイプなのかがわかるのです。

　その会社には、役員トレーニングが始まる前の雰囲気から、独特のウェットな人間関係があることを察知していました。講義前に受講者の方々がどのような状態で待機をしているか、また休憩時間をどのように過ごしていらっしゃるかだけでも、その会社の風土や企業文化を肌で感じることができます。自席に座って静かに開始時刻を待っている会社もあれば、私が声をかけるまで、あちらこちらで談笑している会社もあるのです。

　「愛」と答えてくださったこの会社は、特に和気あいあいと仲の良い雰囲気を醸し出していました。講師である私にも話しかけてくださるフレンドリーな方々も多くいらしたクラスでした。決して悪い意味ではなく、役員が皆仲良しで、お互いの信頼関係で結ばれている雰囲気が醸し出されていたのです。

　それ故に、なるほど「愛」ときたかと思ったものです。

▍資質を自分の言葉で表現する

　役員の皆さんに「資質」を問うときに、唯一無二の正解があるわけではありません。先の演習のように、自由な発想で思いつく言葉をあげていただいた後に、例えば、

①役員として必要なものの見方・考え方、価値観、判断軸
②役員として求められるふるまい・行動様式
③役員として必須の知識

というような分類を例示して、自分の言葉で整理していただきます。
　ここで大切なことは、「自分の言葉」で表現することです。「誠実である」「倫理的である」「知的好奇心・探求心をもつ」「公平である」「公正である」

「本質を見極める力をもつ」「傾聴力がある」等々、さまざまな言葉が飛び出しますが、例えば、「『誠実である』とは、具体的にどのようなふるまいのことを意味しますか？」と問いかけることによって、先の②の「ふるまい」に落とし込んでいくのです。

また「ふるまい」に落とし込むためには、具体的な事例演習を通じて、自らがどのような思考経路をもち、どのような行動をとる傾向があるかも見極めます。

これらは、**役員という立場・役割を認識し、自らの役割を果たすために何が必要なのか、言い換えれば何が足りないのかを自覚する**ための演習です。

もちろん役割認識のためには、自社独自の社風や組織風土も十分に理解し、自らのリーダーシップの在り方、上司や同僚、部下との関係性も見直すことになります。

一見、グループで雑談をしているだけのように見えますが、この演習が終わると、受講者の皆さんは清々しい表情になるのです。

┃ 健全な危機感をもてるか？

2020年初頭に世界を襲ったCOVID-19。それに伴う人と人との関わり方の変化と働き方改革の加速、品質不正や会計不正などの企業不祥事の発生。会社の存続自体が揺らぎ、コアビジネスの見直しを迫られる中で、荒波にもまれて船が沈没してしまわないようにするにはどうしたらよいのか、真摯に向き合い、頭を悩ませ、責任をもって当事者として最後まで遂行すること、そして組織の生き残り戦略を策定し、未来へのストーリーを紡ぎだすことこそが「ガバナンス」の本質です。

そのためには、自らの資質やリーダーシップの特徴を徹底的に内省し、己の立ち位置やあるべき姿にコミットして、役員としての覚悟を決めることが最重要課題になってきます。

自らの立ち位置を定め、己の信念、強い思い・想い、ふるまいこそが組織風土を醸成していくという事実に真正面から向き合い、役員自らの当事者意識を育んでいく中で非常に重要なポイントが、**健全な危機感を醸成すること**だと考えます。

　経営トップとして、どのような覚悟をもってガバナンスに臨めばいいのか、その「リスク感応度」を磨き高めるのです。まさに「**ガバナンスの要諦**」です。

　リスクをとらなければリターンはありません。リスクはビジネスチャンスであって、過剰に恐れてはならないのです。

　その一方で、リスクをリスクと認識できずに地雷を踏むようなことがあってはなりません。第4章で詳しく述べますが、同質的で多様性に欠ける組織では、往々にしてリスク感応度が低く、世間の期待をキャッチできないが故に裏切る形となり、時代の波に乗り遅れて痛い目にあうことがあるのです。

「健全な危機感」を醸成するにはどうしたらよいのでしょうか。
「リスク感応度」を高めるためには何をなすべきなのでしょうか。

　資本市場が変革し、その再定義が迫られています。サステナブルな経済、社会をつくるために、循環型社会、エコシステム、再生可能エネルギーなどに注目が集まっています。産業構造、金融構造が政策的に変革されつつあります。

　そのような中、自社が世の中の流れに乗り遅れないようにするために、世間の常識から外れないようにするためにはどうしたらよいのか、真摯に向き合う姿勢が求められています。

　そのひとつの解が、多様な価値観を受け容れること、自分たちと異質のものの見方・考え方に素直に耳を傾けることであることは、言うまでもありません。

think & feel 〜「思い」と「想い」を伝える

▌トップメッセージの大切さ

　私は仕事柄、会社のホームページを眺めることが好きです。公認会計士として有価証券報告書をはじめとする財務数値を見たり、統合報告書の書きぶりで社長の本気度を想像したり、社歴で会社の成り立ちに思い・想いを馳せたり。そして何よりも、その会社の組織風土の一端を垣間見ることができるからです。

　ホームページは、会社が世間とつながる窓口のひとつです。プロの機関投資家には会社のIR部門が決算説明をしますし、得意先は営業部門と直接つながっています。その一方でホームページこそ、会社が広く世の中とつながるための大切な接点なのです。

　それ故、ホームページの社長挨拶の箇所で、社長の顔写真がない場合は非常に残念に感じます。その会社は、トップが自ら発信する意義をあまり見出しておらず、社会との接点をもとうとしていないのではないか、ホームページは広報の仕事と割り切っているのではないか、社長は従業員とふれあうことにも消極的（すなわち現場を見ようとしない）なのではないかというように、マイナスのイメージを抱いてしまうからです。

> **Comment**
> ホームページで社長が自らの「おもい（思いと想い）」を己の言葉で語っていますか？

thinkとfeelの違い

　ここまで、あえて「おもい」を「思い・想い」と表現してきました。実は、「おもい」は一般的に「思い」と「想い」とに区別できます。役員トレーニングでは、この２つの言葉の違いをグループで話し合ってもらいます。

　すると「思い」については、「頭で考えていること」「思考」「意思」「冷静」「客観的」「自分ひとりで考える」など、「think」につながるイメージが飛び出します。

　一方、「想い」については、「情熱」「感情」「あたたかな」「相手をおもう気持ち」「恋愛」など、「feel」につながるイメージが出てきます。

　イラストで表現すると、以下のようなイメージです。

thinkとfeel

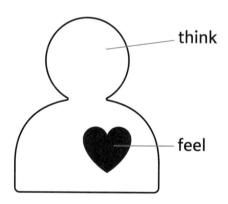

　たかが言葉、されど言葉。

　経営者が発する言葉は、ここでいう「思い」が多いかもしれません。もちろんロジカルで理の通った文章でなければ、そもそも何を言いたいのかわかりませんよね。

その一方で、経営者自身の熱い「想い」も非常に重要だと考えています。従業員をはじめとするステークホルダーに訴えるには、熱のこもった、人間味溢れる言葉の方がより響くと思うのです。

ですから役員トレーニングでは、「思い」も「想い」もともに大切であることを力説します。相手に訴える、理解してもらうためには、「思い」だけではなく「想い」も大切なのです。

┃ パーパスとは？

「パーパス」がビジネスの世界に浸透し始めて、数年が経ったでしょうか。そもそもpurpose（パーパス）とは、目的・意図・意思などを意味しますから、**「会社の存在意義」**というニュアンスで用いられていることも納得がいくでしょう。

このパーパスの意味するところを、もう少し詳しく見てみましょう。

「パーパス経営」を提唱したのは、オックスフォード大学のコリン・メイヤー教授です。教授は**「会社とは社会課題を商業的手段で解決する存在である」**と定義しています。すなわち、企業は社会課題を解決するために存在しており、それは十分な利益を確保してこそサステナブルであると説いているのです。

これは、従前のCSR（企業の社会的責任）などが企業の儲け・利益と切り離されて、いわゆる社会貢献の在り方として語られることからは一線を画しているといえるでしょう。かつての商法が説いたように、会社は営利を目的とした社団法人なのです。会社にとって、儲けをあげることは必須なのです。

その一方で、教授の言葉は更なる示唆に富んでいます。

「profit is a derivative of solving social problems」

すなわち、**利益は社会課題を解決した結果、派生物として生まれてくると**

いうのです。実に、利益は目的ではないのですね。

　とするならば、我々はどのような視点でパーパスを考えればよいでしょうか。

①自社のパーパスは、社会課題として切実なものであるのか
②自社は、独自のやり方で社会課題を解決しようとしているか

　これは、マイケル・ポーターの「競争戦略」にも通じる概念です。自社が取り組もうとしている社会課題の解決が、世の中に強く求められ、期待されているものであるかどうか、そしてその解決のために、自社の強みを発揮し、他社との差別化を図って競争優位へと導くことができるかどうか。
　これこそが「パーパス」、つまり「会社の存在意義」であり、利益をあげてサステナブルであり続けてこそ、社会課題の解決への道が拓けるのです。
　すなわち、パーパス経営を行なうことで、

①ステークホルダーの共感を生む
　パーパスに共感して応援してくれるステークホルダーが増え、ブランディング効果も高まり、企業の成長につながります。
②従業員のエンゲージメントを高める
　パーパスにより、従業員は「自分が何のために働いているのか」、その存在意義を理解しモチベーションを高めます。その結果エンゲージメントが高まり、従業員のパフォーマンスが向上、企業の成長につながります。
③変化への適応力を高める
　パーパスによって、従業員やステークホルダーの足並みが揃います。何をすべきか、その本質・根幹を理解しているので、変化の荒波に自信をもって、かつしなやかに立ち向かうことができるのです。

・この一連のストーリーを経営陣が言語化できるかどうか

・必要な人材を確保できるかどうか

・結果を出し続けるための仕組みを整えることができるどうか

　これこそ、経営陣のなすべき役割であり、使命なのです。

パーパス経営の企業が増えている

2021年4月には、三菱UFJフィナンシャル・グループが「世界が進む チカラになる。」とパーパスを策定するなど、会社の存在意義を改めて 定義して経営戦略の指針にする動きが広がっています。

【例】
- ・三菱UFJフィナンシャル・グループ「世界が進むチカラになる。」
- ・ユニリーバ「サステナビリティを暮らしの"あたりまえ"に」
- ・ソニーグループ「クリエイティビティとテクノロジーの力で、世 界を感動で満たす。」

2021年11月29日の日本経済新聞によれば、「消費者から」見て、パー パスが明確な企業ほど市場評価（EV/EBITDA倍率）、投下資本利益率、 株主総利回りが高いという結果が出ています。

自社の存在意義を言語化していくことが、如何に大切かを示しています。

消費者から見てパーパスが明確な企業ほど市場評価も高い

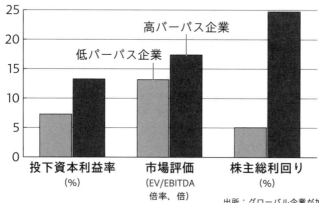

日本経済新聞「パーパスとは『存在意義』会社が自ら定義」、2021年11月29日 をもとに作成
https://www.nikkei.com/article/DGXZQOUF281VT0Y1A121C2000000

経営理念の大切さ

　先ほど「パーパス」の説明をしましたが、世の中には「ミッション」「ビジョン」「バリュー」「クレド」等々、さまざまなアルファベットが溢れています。日本語の「経営理念」と何がどう違うのか、迷ってしまう方も多いでしょう。

　一般的には、下図のように整理ができます。三角形の頂点であるミッションが、いわゆる経営理念に該当しています。

ミッション・ビジョン・バリュー

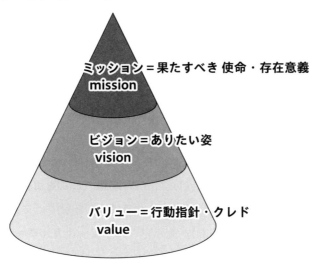

　「理念」とは、根底にある基本的な考え方（広辞苑より）ですから、「経営理念」とは、その企業の存在意義や目的を簡潔かつ普遍的な形で文書化した基本的価値観の表明であるといえます。

　具体的には、「**自社はどのような商品・サービスを通じて社会に貢献するか**」「**自社は何のために存在するか**」ということを、社内外に示す宣言文で

あるといえます。

　先の図でいえば、三角錐の頂点である最上位概念であり、その「経営理念」に基づいて、目標となる「ビジョン」を明確に示し、基本戦略（ドメイン）を決めて機能別戦略・戦術に落とし込み、行動として具現化していくことになるでしょう。

　『ビジョナリー・カンパニー』（ジム・コリンズ、ジェリー・ポラス 著、山岡洋一 訳、日経BP社、1995年）では、偉大なる会社すべてに共通して「自社の基本理念という一貫性を維持しながら、しかし同時に常に変化し続けて進歩し続けるという、ある意味では矛盾する二面性を備えている」と記されています。

　100年以上続く企業は名称こそ「社訓」「社是」「綱領」「経営指針」「信条」などとさまざまですが、その内容は「経営理念」そのものであり、企業の長期的な発展には「経営理念」が不可欠であることが裏付けられています。

　一般的に「パーパス」も、なぜ自分の会社が存在するのかを示すものであり、「**存在意義**」と訳します。

　米ボストン・コンサルティング・グループでは、「パーパス」を「**WHY（なぜ社会に存在するか）**」と位置付け、「**WHERE（どこを目指すか）**」を示す「**ビジョン**」、「**WHAT（何を行なうべきか）**」を示す「**ミッション**」、「**HOW（どのように実現するか）**」を示す「**バリュー・カルチャー**」などと分けて定義しています。

　すなわち、この定義に従えば、ミッションやビジョンが未来に向けて実現すべき姿であるのに対して、パーパスは今、自分たちが何のために存在しているのかを示すものだという点が異なります。

　とはいえ、実際はそれほど区別せず使われていることも多いように感じますし、会社が独自に定義していることも多々あります。

いずれにしても、パーパスの策定は、先が見通せないVUCA（変動性・不確実性・複雑性・曖昧性）の時代に、組織に一体感を生み、顧客や社会からの共感を得やすくなるという利点があるわけで、言葉はともかく、会社の進むべき道、経営戦略、ストーリー、軸を明確にする意義は大きいといえるでしょう。

　また昨今の若い世代を中心に、消費行動が変化しているようにも感じます。すなわち、消費者心理としても、社会的に存在価値の高い企業の商品・サービスを利用することで自身も社会に貢献できると考えるため、パーパスを重視している企業を支持する消費者が増えているといえるのです。

4 ◆ まとめ

　会社は人で成り立っています。だからこそ、トップには人を惹きつける魅力が必要です。おそらくその魅力は、人柄や人間性もさることながら、人としての信頼に基づくものであるといっても過言ではないでしょう。

　そして、会社は複数の人から成り立っていますから、チームであるといえるでしょう。そのチームを率いていくためには、現場で何が起こっているのかをトップが知ろうとする謙虚さが大切になってきます。風土は肌で感じることができるものだからです。

　さらに、経営を司る者としての**強い思い・想いや信念を、経営理念として言葉に表す**必要があります。言葉で表現することによって初めて、組織の構成員に明確に伝えることができるのです。

　いずれも言うは易しではありますが、このような不確実な時代だからこそ、**自らのリーダーシップの在り方を見つめるために立ち止まる、心の余裕**も求められていると思います。

第 3 章

コーポレートガバナンス・コードが意味するもの

ハード面のトレンド

1 ◆ コーポレートガバナンス・コードの登場

制定に至る背景

「日本再興戦略」2014 − 未来への挑戦 −

2015年に**コーポレートガバナンス・コード**（以下、CGコード）が制定されて、2023年現在、早くも8年が過ぎました。

当時の役員トレーニングのための準備ノートを見ると、「日本再興戦略改訂2014」（※）の話から始まっていて、なぜ「女性活躍推進」が唱えられるようになったのか、そもそも「コーポレートガバナンス」とは何ぞやというような、今から考えると非常に初歩的なこと、それでも当時は大変画期的なテーマを、如何に受講者の皆さんに違和感なく理解していただくかに腐心していた様子がうかがえます。

今や「コーポレートガバナンス」という言葉を聞いたことがないという人は、少なくともビジネスパーソンの中ではいなくなりました。「女性活躍推進」「ダイバーシティ」、さらには「アンコンシャス・バイアス」という言葉ですら市民権を得た今、もはや2015年は隔世の感といった感じです。

2014年6月24日、「『日本再興戦略』改訂2014 − 未来への挑戦 −」が閣議決定され、コーポレートガバナンスの強化について記載がなされました。

※日本再興戦略……第2次安倍晋三内閣による成長戦略、2013年6月14日に閣議決定。日本再興戦略「Japan is back」はアベノミクスの「三本の矢」の「第三の矢」として日本経済再生本部によって名付けられた成長戦略。2014年、2015年、2016年と改訂され、2020年日本経済再生本部廃止に伴い終了。
※日本再興戦略改訂2014「未来への挑戦」……2014年6月に閣議決定。女性活躍促進、コーポレートガバナンス強化等により民間企業の「稼ぐ力」を取り戻そうという政府の方針。

生産性向上により企業収益を拡大し、それを賃金上昇や再投資、株主還元等につなげるためにも、グローバル企業を中心に資本コストを意識してコーポレートガバナンスを強化し、持続的な企業価値向上につなげることが重要である。

（中略）

　コーポレートガバナンスは、企業が、株主をはじめ顧客・従業員・地域社会等の立場を踏まえた上で、透明・公正かつ迅速・果断な意思決定を行うための仕組みである。コーポレートガバナンスに関する基本的な考え方を諸原則の形で取りまとめることは、持続的な企業価値向上のための自律的な対応を促すことを通じ、企業、投資家、ひいては経済全体にも寄与するものと考えられる。こうした観点から、上場企業のコーポレートガバナンス上の諸原則を記載した「コーポレートガバナンス・コード」を策定する。

出所：内閣府「『日本再興戦略』改訂2014—未来への挑戦—」、2014年6月24日閣議決定

　バブル崩壊後の持続的な低収益に陥ってしまった日本経済を復活させるために、コーポレートガバナンスを強化し、企業価値を向上させる必要があると説かれたのです。

> **Comment**
> 　持続的成長に向けた企業の自律的な取組みを促すため、東京証券取引所がコーポレートガバナンス・コードを策定しました。

「企業価値」とはどのように把握されるものなのか。

企業の「稼ぐ力」を向上させるにはどうしたらよいのか。

「伊藤レポート」（後述）のROE経営の考え方と相まって、失われた20年、

30年を取り戻そうとする動きが一気に高まったことを肌で感じるとともに、資本市場の一翼を担う公認会計士業界に、新たな課題が突きつけられたように感じました。

伊藤レポートによる問題提起（その１）

ほぼ時を同じくして、2014年8月に経済産業省より公表された「持続的成長への競争力とインセンティブ ～企業と投資家の望ましい関係構築～」プロジェクト、いわゆる「伊藤レポート」の最終報告書には、次のようなくだりがあります。少し長いですが、引用してみましょう。

日本企業の「持続的低収益性」がもたらす短期主義経営への懸念

世界で最もイノベーティブな国、あるいはイノベーション創出能力を持つ国はどこか。この問いに対しては様々な見方があるが、日本は有力な国の一つと言える。一方、収益性を見ると、20年にわたり低水準を続けてきたという「持続的低収益性」のパラドックスに陥ってきた。

日本の経営者は、短期的な資本市場の変動に惑わされず長期的視野での設備投資や人材育成等を行っているとの主張がなされてきた。しかし「持続的低収益性」の中で、資本効率という経営規律や長期的な企業価値向上という指針がなく、経営者が比較的短期で交替する企業において、真に長期的な経営判断が行われているのかは検証の必要があろう。

出所：経済産業省『「持続的成長への競争力とインセンティブ ～企業と投資家の望ましい関係構築～」プロジェクト（伊藤レポート）最終報告書』、2014年8月

すなわち、かつて日本企業の特徴とされてきた長期的視野に立った経営に疑問が呈され、実は日本の上場会社の多くが、**欧米とは異なる日本型の短期主義的経営と持続的な低収益という負のスパイラルに陥っているのではない**かと問題提起がなされたのです。

なるほど確かに、バブル崩壊による景気後退局面、その後の長引く不況の中で、本来なされるべき継続的なR&D（研究開発）投資や設備投資、長期的視野に立った人材育成がないがしろにされ、短期的視野に偏った経営がなされてきた側面があるのです。

　バブル崩壊後20年。伊藤レポートの出された2014年から現在までさらに10年と考えれば、日本は失われた30年ともいうべき苦難の時代。

　一方、グローバル化は急速に進展し、ICT（情報通信技術）の技術革新が日進月歩でなされ、日本企業は世界から取り残されてしまっているようにも見えます。この危機的状況を脱するためにはどうしたらいいのでしょうか。伊藤レポートによる問題提起は続きます。

伊藤レポートによる問題提起（その２）

　　日本の資本市場は企業の中長期的な企業価値創造を支え、長期的な金融資産の形成に寄与するものになっているのか。

　　　　出所：経済産業省『「持続的成長への競争力とインセンティブ 〜企業と投資家の望ましい関係構築〜」プロジェクト（伊藤レポート）最終報告書』、2014年8月

　なるほど確かに、**日本の家計の金融資産は、欧米に比して現預金の割合が非常に高く、株式や投資信託の割合が低い**です。いわゆるタンス預金も正確な金額は把握できないものの、2022年12月末時点で109兆円と推計されています。過去最大を更新したといわれた2023年度の国家予算（一般会計総額）が114兆円であることからしても、その規模の大きさに驚くばかりです。

　いわゆる成熟国における中長期的な資産形成という観点からはバランスを欠いており、このような長年にわたる間接金融による資金調達、現預金中心

の金融資産形成という構造が、日本の資本市場の層が薄い理由としてあげられています。資本市場プレイヤー（とりわけ日本の機関投資家等）が、長期的な企業価値を評価し、主体的な投資を行なうことで顧客（最終的な受益者）にリターンを提供することができてきたか、その能力にも疑問が呈されている状態です。

　企業のイノベーション創出能力が収益性や資本効率の向上につながり、それを評価する投資家が長期資金を供給することで更なるイノベーション投資が行なわれるという好循環を実現することが、果たしてできるのかどうか。

　これこそが、長期的な企業価値向上、持続的成長への鍵であると認識されています。

▎伊藤レポートによる問題提起（その3）

　企業は、顧客市場と資本市場という2つのマーケットに直面しています。しかし、**長らく間接金融、メインバンク制度に守られてきたために、企業は資本市場と対峙してこなかったのではないか**というのが3つめの問題提起です。

　すなわち、「資本市場と日本企業はどのぐらい切磋琢磨してきたのか。企業は投資家に対して消費者と同じ姿勢で向き合ってきたか、企業は投資家によって鍛えられてきたか、日本の投資家は厳しい目で企業を育ててきたか」という問いかけです。

　本来、企業価値は、市場との対話を深めることによって生まれるものです。どのような事業ポートフォリオが望ましいのか、R&Dや人材育成をどのようにすればよいのか、企業と市場（投資家）が柔軟に対話を重ねる中で、持続的に企業価値が創造されていくはずなのです。

　しかし残念なことに、つい最近までは、資本市場における企業経営者と投

資家の対話が十分であったとは言い難い状況でした。

　企業側は、投資家が足下の業績のみに注目して中長期的な活動に関心がないと誤解し、投資家側は、企業経営者が企業価値やROE等の収益性指標を経営に組み込んでおらず、中期経営計画等の実行力が低いこと、また他律的なガバナンス構造が導入されていないことを批判してきました。

　対話の基礎となるはずの情報開示についても、双方の意識の差は大きかったと思います。企業側は、投資家が四半期等短期の業績数値のみを追いかけていると誤解してきました。一方、投資家としても、情報開示が画一的であり、長期的な企業価値を判断するために本当に必要とされる情報（それにはもちろん、経営理念から戦略に至るまでのストーリーなど非財務情報を含んでいるはずです）が十分に開示されないことに不満を抱いてきました。

　対話が不十分だからこそ、相手が何を求めているかがわからないまま、溝が深まっていったのです。

「資本効率」を高めるために

　日本経済は急激な高齢化と人口減少に直面しています。伊藤レポートにおいても「国内外の資金供給者から集められる『金融資本』、経営・事業を担う人材である『人的資本』、イノベーション創出能力の源泉となる『知的資本』、サプライチェーンや社会規範等の『社会・関係資本』、環境等の『自然資本』等、様々な資本を有効活用しなければならない」とあるように、広い意味での「**資本効率（Capital Efficiency）**」を如何に高めるかが、日本という国の存続（サステナビリティ）に関わる重要課題であることが示されています。

　企業は、価値創造の主人公です。その企業が、**投資家との対話を通じて資本効率を高め、企業と投資家との「協創」によって持続的な企業価値創造を実現していくことが、如何に重要であるか**を理解すること。

これこそがガバナンスを学ぶ理由のひとつであるといっても過言ではありません。

企業価値は、企業の不断の努力によって生み出されるものではありますが、決して企業のみによって生み出されるわけではありません。

①その財やサービスを提供する市場との対話、すなわち顧客が何を欲しているかはもちろんのこと、②企業活動の元手である資金を提供する投資家の、持続的な支援が不可欠なのです。

かつては資金提供者としてメインバンクを中心に考えていればよかったかもしれません。しかし現在は、資金提供者としての投資家の視点なくして、事業活動の継続も価値創造も語ることはできないという事実に、しっかりと向き合う必要があるのではないでしょうか（詳しくは後述します）。

そして株主は、この資本効率、すなわち**資本コストを上回る収益性を期待**します。収益性を表す指標はいろいろありますが、株主にとっては**ROE（自己資本利益率）**、すなわち本源的に自らに帰属する資本（拠出した資本＝自己資本）が、如何に効率的に事業活動で活用されて成果をあげたかに強い関心をもちます。故にROEが重要になってくるのです。

日本企業はこれまで、どれだけこの資本コストと向き合ってきたでしょうか。この10年で急に「資本コスト」やら「ROE経営」やらと騒がれるようになったと感じられるかもしれませんが、ある意味当然の時代の流れといえるでしょう。

日本経済の危機的な状況を脱し、企業の競争力を回復させ、資本市場を再生するには、日本企業の経営を開かれたものにすることが必須です。だから、「伊藤レポート」においても**「投資家と企業の建設的対話の促進」**のための**CGコード**の必要性が説かれたのです。

コーポレートガバナンス・コードとは?

CGコードの2つの特徴

東京証券取引所が策定したCGコードの前文には、次のような記載があります。

コーポレートガバナンス・コードについて

　本コードにおいて、「コーポレートガバナンス」とは、会社が、株主をはじめ顧客・従業員・地域社会等の立場を踏まえた上で、透明・公正かつ迅速・果断な意思決定を行うための**仕組み**を意味する。

　本コードは、実効的なコーポレートガバナンスの実現に資する主要な原則を取りまとめたものであり、これらが適切に実践されることは、それぞれの会社において**持続的な成長**と**中長期的な企業価値の向上**のための自律的な対応が図られることを通じて、会社、投資家、ひいては経済全体の発展にも寄与することとなるものと考えられる。

出所：東京証券取引所「コーポレートガバナンス・コード（2021年6月版）」（太字は筆者）

　CGコードとは、上場企業が、幅広いステークホルダー（株主、従業員、顧客、取引先、地域社会など）と適切に協働しつつ、実効的な経営戦略のもと、中長期的な収益力の改善を図るための規範であり、行動原則であるといえます。

　その枠組みの特徴は、

①**コンプライ・オア・エクスプレイン**
②**プリンシプルベース・アプローチ（原則主義）**

です。

東京証券取引所が定める有価証券上場規程の一部であって、コードの規程にコンプライ（comply、従う）するか、しない場合にはエクスプレイン（explain、説明する）することを上場会社に義務付けています。

また細かく決定された一定のルールに従うことを重視する細則主義とは異なり、原理・原則を重視し、判断の程度が大きくなる原則主義を採用しています。

わが国の成長戦略としてのインベストメントチェーン（※）改革は、機関投資家に向けた行動原則である「**スチュワードシップ・コード**」、及び上場企業に向けた規範・行動原則である「**コーポレートガバナンス・コード**」を両輪として、**企業と投資家との建設的な対話**を促進することを通じて日本経済の好循環を実現しようというものです。

2014年にスチュワードシップ・コード、2015年にCGコードが策定され、これまでにそれぞれ3年ごとに改訂が行なわれています。

また、金融庁から発行されている「**投資家と企業の対話ガイドライン**」は、コンプライ・オア・エクスプレインによる企業と投資家との実効的な対話を促進するため、対話に際して重点的に議論されるべき論点を取りまとめたものであり、あわせて読み進めることで理解が深まります。

※資金を提供する投資家と資金を調達する企業とが、共通の価値観に基づいて中長期的な価値向上を目指して協働することで、社会全体の富を増やしていくという考え方。

| 5つの基本原則

CGコードにある5つの基本原則から、CGコードの目指す姿を読み取ることができます。

1．株主の権利・平等性の確保

- ・少数株主の保護
- ・政策保有株式

2．株主以外のステークホルダーとの適切な協働

- ・従業員、顧客、取引先、債権者、地域社会をはじめとする様々なステークホルダーとの関係
- ・企業文化・組織風土の醸成のための、取締役会・経営陣のリーダーシップの在り方

3．適切な情報開示と透明性の確保

- ・経営戦略・経営課題、リスクやガバナンスに係る情報等の非財務情報
- ・法令に基づく開示以外の情報提供に対する主体的な取組み
- ・情報の正確性と有用性

4．取締役会等の責務

- ・株主に対する受託者責任・説明責任
- ・執行と監督の分離
- ・独立社外取締役の役割
- ・モニタリングボード

5．株主との対話

- ・株主との建設的な対話

　この基本原則を熟読することで、いくつかの重要な論点を見出すことができます。これらを自社としてどのように取り組んでいくのか、それこそ取締役会で話し合われているかを振り返ってみてもよいかもしれません。

基本原則

【株主の権利・平等性の確保】

1．　上場会社は、株主の権利が実質的に確保されるよう適切な対応を行うとともに、株主がその権利を適切に行使することができる環境の整備を行うべきである。

　　また、上場会社は、株主の実質的な平等性を確保すべきである。

　　少数株主や外国人株主については、株主の権利の実質的な確保、権利行使に係る環境や実質的な平等性の確保に課題や懸念が生じやすい面があることから、十分に配慮を行うべきである。

【株主以外のステークホルダーとの適切な協働】

2．　上場会社は、会社の持続的な成長と中長期的な企業価値の創出は、従業員、顧客、取引先、債権者、地域社会をはじめとする様々なステークホルダーによるリソースの提供や貢献の結果であることを十分に認識し、これらのステークホルダーとの適切な協働に努めるべきである。

　　取締役会・経営陣は、これらのステークホルダーの権利・立場や健全な事業活動倫理を尊重する企業文化・風土の醸成に向けてリーダーシップを発揮すべきである。

【適切な情報開示と透明性の確保】

3．　上場会社は、会社の財政状態・経営成績等の財務情報や、経営戦略・経営課題、リスクやガバナンスに係る情報等の非財務情報について、法令に基づく開示を適切に行うとともに、法令に基づく開示以外の情報提供にも主体的に取り組むべきである。

　　その際、取締役会は、開示・提供される情報が株主との間で建設的な対話を行う上での基盤となることも踏まえ、そうした情報（とりわけ非財務情報）が、正確で利用者にとってわかりやすく、情報として有用性の高いものとなるようにすべきである。

【取締役会等の責務】

4．　上場会社の取締役会は、株主に対する受託者責任・説明責任を踏

まえ、会社の持続的成長と中長期的な企業価値の向上を促し、収益力・資本効率等の改善を図るべく、

   (1) 企業戦略等の大きな方向性を示すこと

   (2) 経営陣幹部による適切なリスクテイクを支える環境整備を行うこと

   (3) 独立した客観的な立場から、経営陣（執行役及びいわゆる執行役員を含む）・取締役に対する実効性の高い監督を行うことをはじめとする役割・責務を適切に果たすべきである。

　こうした役割・責務は、監査役会設置会社（その役割・責務の一部は監査役及び監査役会が担うこととなる）、指名委員会等設置会社、監査等委員会設置会社など、いずれの機関設計を採用する場合にも、等しく適切に果たされるべきである。

【株主との対話】

5.　　上場会社は、その持続的な成長と中長期的な企業価値の向上に資するため、株主総会の場以外においても、株主との間で建設的な対話を行うべきである。

　経営陣幹部・取締役（社外取締役を含む）は、こうした対話を通じて株主の声に耳を傾け、その関心・懸念に正当な関心を払うとともに、自らの経営方針を株主にわかりやすい形で明確に説明しその理解を得る努力を行い、株主を含むステークホルダーの立場に関するバランスのとれた理解と、そうした理解を踏まえた適切な対応に努めるべきである。

出所：東京証券取引所「コーポレートガバナンス・コード（2021年6月版）」より抜粋

2021年改訂の背景

　CGコードは2015年6月に制定されて以降、3年ごとに2回改訂されています。下図にある通り、時代の流れと相まって改訂が進められてきたことがわかります。

CGコードの変遷

　特に今回のCGコード改訂作業は、全世界を巻き込んだ新型コロナウイルス感染拡大という中で行なわれたこともあり、次のような2つの特徴があげられます。

①新型コロナウイルス感染症拡大に伴い、サステナビリティ（持続可能性）に対して強い関心が寄せられるようになる

　コロナ禍において、多くの企業が働き方の変革を迫られ、如何に事業を継続し会社を存続させるかという、サステナビリティの本質に向き合う事態となりました。DXに対する関心が高まり、Withコロナ、アフターコロナにおける経営戦略の再構築など、コロナ禍をチャンスと捉え飛躍した企業も多く見られました。

　これは、昨今のESGへの関心の高まり、SDGsやサステナビリティ、気候変動対応などの課題と相まって、企業の存在意義（パーパス）自体の再確認が求められているといっても過言ではありません。

②東京証券取引所における市場区分改革と連動している

　2022年4月より、東京証券取引所は、プライム市場、スタンダード市場、グロース市場の3つの新市場区分に再編されました。今回のコード改訂に際しては、プライム市場上場会社に求められる「より高いガバナンス水準」の具体的な指針について議論がなされました。

2021年改訂のポイントはESG

　2021年のCGコード改訂における主なポイントは次の3点です。これらはESG、すなわちEnvironment（環境）、Social（社会）、Governance（ガバナンス）を考慮した投資活動、経営・事業活動に深く関連しています。

①取締役会の機能発揮
②企業の中核人材における多様性の確保
③サステナビリティを巡る課題への取組み

　「『コーポレートガバナンス・コードと投資家と企業の対話ガイドラインの

改訂について』の公表について」（金融庁、2021年）を参照しながら、説明
しましょう。

①取締役会の機能発揮について

- プライム市場上場企業において、独立社外取締役を3分の1以上選任
  （必要な場合には、過半数の選任の検討を慫慂）（原則4−8）
- 指名委員会・報酬委員会の設置（プライム市場上場企業は、独立社外取
  締役を委員会の過半数選任）（補充原則4−10①）
- 経営戦略に照らして取締役会が備えるべきスキル（知識・経験・能力）
  と、各取締役のスキルとの対応関係の公表
  〜スキル・マトリクスの開示（補充原則4−11①）
- 他社での経営経験を有する経営人材の独立社外取締役への選任（補充原
  則4−11①）

これはまさしくESGの**G（ガバナンス）**に該当します。

②企業の中核人材における多様性の確保について（補充原則2−4①）

- 管理職における多様性の確保（女性・外国人・中途採用者の登用）につ
  いての考え方と測定可能な自主目標の設定
- 多様性の確保に向けた人材育成方針・社内環境整備方針をその実施状況
  と合わせて公表

　企業経営にとって**多様性は経営戦略の要**であり、イノベーションや価値創
造の源泉として、特にコロナ後の企業変革を促進するためにも多様性の確保
は必須です。これはまさしくESGの**S（社会）**に該当します。

③サステナビリティを巡る課題への取組みについて（基本原則2 考え方、補充原則2−3①、3−1③、4−2②）

・プライム市場上場企業において、TCFDまたはそれと同等の国際的枠組みに基づく気候変動開示の質と量を充実

・サステナビリティについて基本的な方針を策定し自社の取組みを開示

　これはまさしくESGの**E（環境）**です。すなわち、今回のCGコード改正のテーマはESGであることがわかります。

　またサステナビリティを検討する際には、いわゆる非財務情報である人的資本や知的財産への投資等についても、自社の経営戦略・経営課題との整合性を意識しつつ、わかりやすく具体的に情報を開示することが求められます。故に「人的資本への投資とその開示」について、近い将来より一層の進展が見られることは言うまでもないでしょう。

※上記以外の主な課題

・プライム市場に上場する「子会社」において、独立社外取締役を過半数選任または利益相反管理のための委員会の設置（基本原則4 考え方、補充原則4－8③）

・プライム市場上場企業において、議決権電子行使プラットフォーム利用と英文開示の促進（補充原則1－2④、補充原則3－1②）

・事業ポートフォリオに関する基本的な方針や見直しの状況の開示（補充原則5－2①）

　なお、「その他」のようにさらりと書かれているこれらの課題も、実務上は非常に重たいものです。例えば、「取締役会で少なくとも年に1回は事業ポートフォリオに関する基本方針の見直しを行なうとともに、事業ポートフォリオマネジメントの実施状況に関して経営陣に対する監督を行なうべき、またその状況を開示すべきである」という旨が記載されましたが、実務がどこまで追いついてきているか、これからの課題といえるでしょう。

CGコードのメッセージ

独立社外取締役とサステナビリティが重要テーマ

例えば、取締役会における独立社外取締役の人数を例にあげてみましょう。2021年改訂CGコードにおいては、プライム市場上場企業において独立社外取締役を3分の1以上選任することが求められ、必要に応じて過半数の選任が望まれています。

2015年当時を振り返ってみると、「3分の1以上」がおすすめだったわけですが、それがもはや標準になっているということ。想像以上の加速がついて、ガバナンスのハードルが上がってきているというのが実感です。

この流れは、たとえソフトロー（法的拘束量をもたない行動指針）であったとしても、公表されたならば何とか守ろうとする、真面目な国民性も影響しているのかもしれません。

CGコードはソフトローです。従わなかったからといって罰則が科されるわけではありません。ただCGコードの改正は市場区分の見直しや会社法の改正等とも密接に結びつき、企業に大きな影響与えていることは事実です。そういう意味でも、誠実にCGコードに向き合う姿勢が必要とされているでしょう。

独立社外取締役の選任やサステナビリティ、特に気候変動への対応など、つい目前の課題にてんやわんやとなってしまいますが、経営陣としてはより

広く大局的な視点に立って、本質を見極めていただきたいと切に願っています。

　独立社外取締役を選任することで、取締役会に多様性が生まれます。いわゆる「**ボード・ダイバーシティ**」です。ただ単に、お飾りとして女性や外国人を連れてくればいいだけではありません。

　中長期的な目線に立って自社のあるべき姿を見つめたときに、どのようなキャリア、スキル、バックグラウンド、経験等をもった社外の人材が必要なのか、取締役のスキル・マトリクスを見直すきっかけにできないでしょうか。

　社外の目が入るということは、「あうん」の呼吸を使えなくなることでもあり、説明する必要が生じます。見られている緊張感をガバナンスに活かすことができるのです。

　また、昨今話題の気候変動への対応についても同じです。実務的にこなさなくてはならないことも多くて非常に大変ではありますが、決して小手先で対応するのではなく、そもそも自社の事業を見直す契機・チャンスとして捉えられないでしょうか。

　このように考えてくると、大変革が起きているガバナンスの波に乗り遅れないこと、これこそ経営陣に求められる感度なのだろうと思います。

CGコード原則4－7における「独立」「社外」の意味

　上場会社には、個々の株主としての持分割合は少なく、単独では会社の経営に十分な影響力をもちえない、いわゆる**「一般株主」**が多く存在します。この一般株主は、上場会社の企業価値が向上することでしか利益を得ることができないという利害関係者です。またこのような一般株主の参加によって市場の流動性が確保され、企業はメリットを享受しているのですが、経営においては、その一般株主への配慮は、残念ながら失われやすいという傾向があります。

　そこで東京証券取引所はコーポレートガバナンスの枠組みの中で、上場企業に対し、一般株主の利益保護の重要性を踏まえ、一般株主と利益相反の生じるおそれのない「社外」役員を1名以上確保し、「独立」役員として届け出るよう定めました。2009年12月のことです。

　ここで「社外」とは「outside」、すなわち「社内」(inside)に対する言葉です。

　上場会社の取締役や監査役は、会社の事業目的の遂行を通じた企業価値の向上に向けて行動するわけですが、「社内」取締役は社長の指揮のもと自らが主体となって業務を遂行するわけですから、客観的な立場に立ち、株主にとっての企業価値を追求することは、通常は難しいと考えられます。

　そのような役割は「社外」取締役に期待されるところですが、日本の上場会社においては、重要な取引関係のある場合でも「社外」取締役に就任することができますので、実は「社外」であるだけでは、客観性を保ちにくいという現状があります。

　そこで「独立」であることの意義が見出せます。「独立」とは「independent」

です。一般株主の利益が適切に保護されるために、取締役会などの意思決定プロセスにおいて、一般株主の利益保護のために積極的に行動することが求められます。

　この役割は、例えばMBO（経営者による買収）やTOB（株式公開買付け）、敵対的TOBに対する買収防衛策の検討、第三者割当増資など、上場企業の経営者と一般株主との間の利益相反が顕在化する際に、特に必要になってきます。

【原則4−7．独立社外取締役の役割・責務】

　上場会社は、独立社外取締役には、特に以下の役割・責務を果たすことが期待されることに留意しつつ、その有効な活用を図るべきである。

（ⅰ）経営の方針や経営改善について、自らの知見に基づき、会社の持続的な成長を促し中長期的な企業価値の向上を図る、との観点からの助言を行うこと

（ⅱ）経営陣幹部の選解任その他の取締役会の重要な意思決定を通じ、経営の監督を行うこと

（ⅲ）会社と経営陣・支配株主等との間の利益相反を監督すること

（ⅳ）経営陣・支配株主から独立した立場で、少数株主をはじめとするステークホルダーの意見を取締役会に適切に反映させること

出所：東京証券取引所「コーポレートガバナンス・コード（2021年6月版）」

プライム市場上場企業に求められる高い水準のガバナンス

　プライム市場に上場し続けるということは、それなりの覚悟をもって一段と高い水準のガバナンスを構築し、維持しなくてはなりません。

　例えば、一段と高いレベルの取締役会構成の独立性を求めるものとして、**「独立社外取締役を少なくとも3分の1以上、必要と考える場合には過半数」**と記されています。3分の1は当たり前、過半数を目指してくださいという強いメッセージが伝わってきますね。

　2022年夏時点において、プライム市場では92.1％、JPX日経400では95.0％の上場企業が、3分の1以上の独立社外取締役を選任しています。

　一方で、過半数の独立社外取締役を選任する企業は、プライム市場では12.1％、JPX日経400では17.0％に留まっています（東京証券取引所「東証上場会社における独立社外取締役の選任状況及び指名委員会・報酬委員会の設置状況」、2022年8月3日）。

　現状、適任の独立社外取締役の母集団が不足していることは明白です。独立社外取締役に就任するに足る質の担保、トレーニングも急務です。

　その一方で選任プロセスを見てみると、執行側の推薦による就任であるために**「精神的独立性」**に疑念があるケース、また当該会社の社外役員としての報酬が当人の収入の過半を占めており**「経済的独立性」**に欠けるケースなど、実質的な「独立性」が保たれていないというような事例も散見されます。

　真に独立性が保たれなければ、経営陣に忖度のない意見など申せるはずはありません。そのような観点からも、適切な独立社外取締役を選任するというハードルは非常に高いと考えられます。

プライム市場上場企業に求められる、より一層高い水準のガバナンス

第1章　株主の権利・平等性の確保	
補充原則 1-2④	上場会社は、自社の株主における機関投資家や海外投資家の比率等も踏まえ、議決権の電子行使を可能とするための環境作り（議決権電子行使プラットフォームの利用等）や招集通知の英訳を進めるべきである。 特に、プライム市場上場会社は、少なくとも機関投資家向けに議決権電子行使プラットフォームを利用可能とすべきである。

第3章　適切な情報開示と透明性の確保	
補充原則 3-1②	上場会社は、自社の株主における海外投資家等の比率も踏まえ、合理的な範囲において、英語での情報の開示・提供を進めるべきである。 特に、プライム市場上場会社は、開示書類のうち必要とされる情報について、英語での開示・提供を行うべきである。
補充原則 3-1③	上場会社は、経営戦略の開示に当たって、自社のサステナビリティについての取組みを適切に開示すべきである。また、人的資本や知的財産への投資等についても、自社の経営戦略・経営課題との整合性を意識しつつ分かりやすく具体的に情報を開示・提供すべきである。 特に、プライム市場上場会社は、気候変動に係るリスク及び収益機会が自社の事業活動や収益等に与える影響について、必要なデータの収集と分析を行い、国際的に確立された開示の枠組みであるTCFDまたはそれと同等の枠組みに基づく開示の質と量の充実を進めるべきである。

第4章　取締役会等の責務	
原則 4-8	【原則4-8．独立社外取締役の有効な活用】 独立社外取締役は会社の持続的な成長と中長期的な企業価値の向上に寄与するように役割・責務を果たすべきであり、プライム市場上場会社はそのような資質を十分に備えた独立社外取締役を少なくとも3分の1（その他の市場の上場会社においては2名）以上選任すべきである。 また、上記にかかわらず、業種・規模・事業特性・機関設計・会社をとりまく環境等を総合的に勘案して、過半数の独立社外取締役を選任することが必要と考えるプライム市場上場会社（その他の市場の上場会社においては少なくとも3分の1以上の独立社外取締役を選任することが必要と考える上場会社）は、十分な人数の独立社外取締役を選任すべきである。
補充原則 4-8③	支配株主を有する上場会社は、取締役会において支配株主からの独立性を有する独立社外取締役を少なくとも3分の1以上（プライム市場上場会社においては過半数）選任するか、または支配株主と少数株主との利益が相反する重要な取引・行為について審議・検討を行う、独立社外取締役を含む独立性を有する者で構成された特別委員会を設置すべきである。
補充原則 4-10①	上場会社が監査役会設置会社または監査等委員会設置会社であって、独立社外取締役が取締役会の過半数に達していない場合には、経営陣幹部・取締役の指名（後継者計画を含む）・報酬などに係る取締役会の機能の独立性・客観性と説明責任を強化するため、取締役会の下に独立社外取締役を主要な構成員とする独立した指名委員会・報酬委員会を設置することにより、指名や報酬などの特に重要な事項に関する検討に当たり、ジェンダー等の多様性やスキルの観点を含め、これらの委員会の適切な関与・助言を得るべきである。 特に、プライム市場上場会社は、各委員会の構成員の過半数を独立社外取締役とすることを基本とし、その委員会構成の独立性に関する考え方・権限・役割等を開示すべきである。

出所：東京証券取引所「コーポレートガバナンス・コード（2021年6月版）」

社外役員には、高度な専門性に加えて、

①経済的独立性に担保された精神的独立性
②キャリアやバックグラウンドの多様性

が求められています。

　また今回の2021年コード改訂では、指名・報酬委員会に期待される役割がさらに明確になりました。指名委員会は任意も含めるとプライム市場の83.6％、JPX日経400の92.0％の上場企業が設置しており、報酬委員会は任意も含めるとプライム市場の85.5％、JPX日経400の92.8％の上場企業が設置しています（東京証券取引所「東証上場会社における独立社外取締役の選任状況及び指名委員会・報酬委員会の設置状況」、2022年8月3日）。形式的には整いつつあるように見受けられます。

　すなわち委員会の設置自体は浸透してきているものの、プライム市場上場企業に対しては、委員会構成の独立性に関する考え方や各委員会の権限役割等の開示など、これらの委員会の実効性を確保することで更なる機能向上が促されています。

　CGコードの改訂に伴い、実務のハードルは高くなる一方です。

　とするならば、自社はプライム市場に上場して高いガバナンスを構築し、維持し続ける必要があるのか？　という素朴な疑問に、経営陣が胸を張って答えられなくてはならないと思います。

　2022年4月の市場再編を見ていると、何となく「プライムは最上位で格好いい感じ」がするからプライムに移行したいというような雰囲気を感じる会社もあったように見受けます。それでは、SDGsバッジをつけていると何となく格好いい感じがするというような風潮と何ら変わりはありません。

　先述したように、プライムに足る相応の高い水準のガバナンスの構築をす

るには、事務方に多大なる負担を強いることになります。例えば日本の一地方都市を拠点に、その地域に根ざした事業を行なっている会社に、グローバルなマーケットを想定して、全世界の投資家を相手に、英文開示を行なう必要がどれほどあるでしょうか。

「身の丈に合ったガバナンス」とよく申し上げますが、その会社にはその会社独自の良さがあると思っています。2008年のJ-SOX導入時も「身の丈に合った内部統制の構築」が重要であることを身に染みて感じたように、ガバナンスも自社に見合った、身の丈のガバナンスを追求する姿勢が、経営陣にとって非常に大切なのです。経営陣のプライドだけで事を進めてはなりません。

　もちろん、時には実力以上のハードルを掲げるストレッチも大切ですが、プライム市場に上場し続けることはそのような生半可なものではないのです。

　もし地域社会に根付いた事業を行ない、その地域の将来の発展に寄与したいと願っているならば、いたずらにプライムへ移行することなくスタンダードでよいのではないか、というのが私の率直な感想です。膨大な作業とプレッシャーのために、かけがえのない人的資本が疲弊してしまい、組織から去ってしまうことこそ、経営陣としては最も避けなくてはならないダメージだと思うからです。

Comment

　……と申し上げる一方で、「とはいっても、東証一部（当時）に指定替えできて、どれほど採用にアドバンテージがあったか計り知れない」というような話を経営者の方から伺うと、理想論を振りかざすだけではダメなのだろうという反省の念が湧いてくるものです。

2つの独立性

　独立性には「**精神的独立性**」と「**経済的独立性**」があります。例えば公認会計士もその倫理規則等によって、職業的専門家としての独立性を保持し、もって監査業務等を実施する際の誠実性・公平性・客観性を保つことを求められています。

①精神的独立性とは

　職業的専門家としての判断を危うくする影響を受けることなく、結論を表明できる精神状態を保ち、誠実に行動し、客観性と職業的懐疑心を堅持できることをいいます。

　すなわち、精神的独立性とは**公正不偏**な心のもちよう、客観的で公平な心の状態といえます。

②経済的独立性（外観的独立性）とは

　外観的にも、精神的独立性が堅持されていないと判断する状況にはないことをいいます。

　すなわち、精神的独立性は内面的な状態ですので、外から客観的に検証することが難しいものです。そのため外観的に、主として経済的・身分的な依存関係や特別の利害関係がないという客観性、公平性を保持することで、結果として精神的独立性が担保されることになります。

　以上からわかるように、経済的独立性は精神的独立性を確保し、独立性に対する外部からの疑義を排除するための必須要件であるといえます。**経済的独立性があってこその、精神的独立性**なのです。独立性が堅持されることによって、当人の行なう業務に対する**信頼性が確保**されるといえます。

実務上は、社外役員であれば、その報酬依存度が一番大きな問題となるでしょう。例えば社外役員として就任している会社からの報酬が、当人の全収入の大半を占めていたとします。すると、なかなか社長に対して苦言を呈することは難しくなり、忖度したくなってしまいます。生活のためには、その報酬を手放したくないですものね。実際にもよくある事例です。

　公認会計士の世界でも、報酬依存度の規制があるように、経済的独立性を担保して精神的独立性を保持しようと不断の努力をしています。

　さて、最後はひとりごとです。

　かといって、たった1回、社長に食事をごちそうになったために、即NGと（経済的独立性も精神的独立性も害されている、社外役員としての資質に欠けると非難）するのも、少し行き過ぎというか、もう少し現実はグレーゾーンがあるのになぁと感じてしまいます。現実は白黒きっちり分かれていませんし、その一方で取り締まるには1円たりとも許さじという気持ちも理解できないわけではない、これが現実の難しいところです。

> **Comment**
>
> 経済的独立性があってこそ、精神的独立性が保持されます。

マネジメントとガバナンスとの関係

マネジメントとガバナンスは両輪

マネジメント（management）とは、「manage」、すなわち限られた経営資源（ヒト、モノ、カネ、時間、情報等）をやりくり（有効活用）して、目標を達成しようとする動詞の名詞形です。

この「manage」を日本語では「管理する」と訳し、あたかも「control」と同義のように捉えますが、原義はもっと広く**「やりくりして何とかする」**というニュアンスを含んでいます。

平時であれば、マネジメントも安泰です。例えば高度経済成長期の企業を考えれば、経営資源の代表格である「ヒト」は十分に揃っていて、しかも新卒男子一括採用の時代でしたから、粒揃いで効率的で大量生産に見合った人材が大勢採用できたことでしょう。

経営資源に余裕があるときには、「やりくりする」などという感覚は生じません。日々のオペレーションに磨きをかけていればいいのです。これはタイムマネジメントを考えても同じでしょう。

一方、現在はどうでしょう。少子高齢化が進み、必ずしも「ヒト」を十分に採用できません。グローバル化の急速な進展とICTの技術革新とが相まって、情報は溢れ、ビジネスのスピードは加速する一方です。働き方も多様化し、そもそも新卒一括採用で十分な人材を確保できず、人材のスキルもバックグラウンドも多様です。

加えて昨今のコロナ禍や国際情勢等、激変する不確実な環境下で、マネジメントの難しさは増すばかりです。まさしく荒波の時代です。

ここで難しい意思決定を担うのが、船長である経営者の役割です。**平時と異なり、マネジメントを司る経営者の役割は増すばかり**なのです。

　CGコードの前文には、「『コーポレートガバナンス』とは、会社が、株主をはじめ顧客・従業員・地域社会等の立場を踏まえた上で、透明・公正かつ迅速・果断な意思決定を行うための仕組みを意味する」と書かれています。
　すなわち、**マネジメントの難易度が上がり、経営者の役割が増大すればするほど、仕組みとしての「ガバナンス」の重要性も増大してくる**というわけです。

　荒波押し寄せる暴風雨の中だからこそ、船を沈没させずに港まで航海できるよう、高度なマネジメント能力のある経営者が選ばれなくてはなりません。もし経営者の能力や経験に不足があり、満足のいく経営ができないのであれば、退出を願わなくてはならないということなのです。有能な経営者に舵取りを任せないと、会社が立ち行かなくなってしまうからです。
　故に、**ガバナンスの要は、経営者の選解任**だといわれます。すなわち、ガバナンスにおいては「**モニタリング**」という機能が非常に重要であり、経営者を規律付けるという観点で非常に重要なポイントが、**指名と報酬**なのです。

▌経営陣の本気度が試されている

　今度はサステナビリティ課題について考察してみましょう。

　改訂CGコード補充原則２−３①においては、従来の「取締役会はサステナビリティの課題に積極的・能動的に取り組むよう検討すべきである」という記述が、「**検討を深めるべきである**」と改訂されました。「深めるべき」という表現には、企業の取組みをさらに促進してもらいたいという期待が込められているといえるでしょう。

新設された補充原則3－1③は、上場企業に対してサステナビリティについての基本的な方針を策定し、自社の取組みを開示することを求めています。さらにプライム市場上場企業に対しては、TCFDまたはそれと同等の国際的枠組みに基づく気候変動情報開示の質と量を充実させるべきとしています。

TCFD提言とは、気候関連財務情報開示タスクフォースが2017年6月に公表したものです。提言により企業は、気候関連のリスク及び機会に関連付けて、ガバナンス、戦略、リスク管理、指標と目標という4つの要素の情報開示を求められています。

2023年現在、国際的にもサステナビリティ関連情報開示の統一的な枠組みの策定に向けた動きがあり、ますます目が離せなくなってきています。

これらサステナビリティ課題への取組みは、社長の号令で担当がこなすというようなレベルの話でないことは、一目瞭然です。改訂CGコードにおいては、複数箇所にわたって、気候変動を含むサステナビリティ課題への取組みの重要性が説かれているわけですから、コードを熟読するとともに、その本質を掴み、自社の経営戦略の根幹としてサステナビリティ課題に取り組んでいく経営陣の覚悟が問われていると思うのです。

スキル・マトリクスについても同様です。単なる星取表、下手すると他者と比較して自分は○が多いか、少ないかなどと、見栄の張り合いになっていないでしょうか？

補充原則4－11①では、自社の経営戦略に照らして必要なスキル等を特定し、取締役会の多様性やバランスを考える必要性を説いています。すなわち、自社の将来に向けて必要なスキルは何か、ストーリーとして語られていることが重要なのです。

それ故、現時点では不足しているスキルがあってもいいのです。自社の戦略ストーリー上、足りないと現状認識できることの方が重要です。もし不足

があるとわかったのならば、例えば、近い将来、社外取締役の招聘によって補おうとアクションに落とし込むことができるからです。

マトリクスで自社の将来のストーリーが語れているでしょうか？
単に、やみくもに○をつけていないでしょうか？
同業他社の事例を真似ているだけになっていませんか？
そもそも、マトリクスの作成を事務局任せにしていないでしょうか？

ここにも、経営者の本気度を測る物差しがあるのです。

社外取締役の仕事

　社外取締役の果たすべき役割のひとつは、経営陣（特にCEO）の規律をメンテナンスすることです。このモニタリング機能を果たさずに、アドバイスを行なうだけであれば、何も取締役である必要はありません。それではコンサルタントと何ら代わりはないのです。

　社外取締役はマイクロマネジメントに陥ってはなりません。執行に口出ししすぎてはならないのです。例えば不正も、CEOが本気で隠そうとしたら、見つけることは困難です。社外の立場ですから、どんなに頑張っても、執行側と同程度の情報を入手することはできないのです。

　とするならば、社外取締役がすべきは、**執行側の説明責任を全うさせる**ことです。「なぜ、そのように考えるのか」、「なぜ、そのように意思決定するのか」、シンプルかもしれませんが本質的な問いを投げかけることによって、CEOをはじめとする執行側に説明してもらうのです。

　執行側が、部外者である社外取締役に説明することは、大変に骨の折れることだと思います。しかし、説明できないことを実行することには危険が伴います。事情を十分に理解していない社外取締役が納得できるだけの説明ができるかどうか、執行側の腕の見せ所です。

　もちろん、社外取締役には、執行側の説明を謙虚に傾聴する姿勢が求められます。社外取締役にとっては、十分に理解ができないこともあるかもしれません。それでも一生懸命、執行側の説明を聴き、理解しようと努力するのです。これが経営陣（CEO）の規律をメンテナンスすることにつながります。

　社外取締役は、執行に口出ししすぎてもいけませんし、ましてや、床の間に飾られている置物でもありません。自らの役割を全うできるよう、資質を高めていく必要があります。

3 ◆ ガバナンスにまつわる本音の話

【事例紹介】「いったいどこまで頑張ればいいの?」

とある会社の事例① 「うちはall complyです!」

　各社のコーポレートガバナンス報告書（※）を拝見すると、中には「**all comply**」という会社が見受けられます。まず、そのような会社を発見したときに感じることはただひとつ。「本当に?」という疑念です。

　実際に、そのような場面に遭遇したこともありました。
　「わが社の現状は、all complyとは言えないのではないか?　explainすることは恥ずかしいことでは全くなく、逆に投資家には、誠実な姿勢と評価してもらえるのではないか?」と私が申し上げると、社長や総務・法務担当の取締役に「いやいや、うちはall complyです!」とドヤ顔で宣言されてしまったのです。
　あたかもテストで100点をとらなくてはならないといった強迫観念でしょうか。現実には**ガバナンスに完璧などありえません**。そもそも改訂CGコードを「実質的に」all complyするなど、不可能に近いのではないかと思っています。

　「形式的にcomplyしていればいいと、コーポレートガバナンス報告書をチェックリストのように、やっつけ仕事で片づけているのではないか?」
　「現実に向き合い、説明しようとする誠実さを、会社としても経営者としても欠いているのではないか?」

ライバル各社や業界の同調圧力に屈して現実から目を背け、all complyだと思い込んでしまうことは、究極的には投資家をはじめとするステークホルダーに真摯に向き合う姿勢がないというレッテルを貼られてしまうおそれすらあるのではないでしょうか。

経営者としては自分の会社を良く見せたいという欲があります。トップのその気持ちを汲み取り、忖度する総務・法務部門の事務方がいます。

ですが、改訂CGコードをall complyしなくてもかまわないのです。一番大切なのは「実質」です。実際にどうなっているのかを説明すべきなのです。

「身の丈にあったガバナンス」を構築することの難しさを実感した一幕でした。

※東京証券取引所が上場企業に提出を求めている報告書。CGコードに沿って「comply or explain」を記述し、コーポレートガバナンスについての会社の取組みや目的などを記載している。

とある会社の事例② 支配株主と支配的な株主

改訂CGコードにおいて、支配株主を有する上場会社は少なくとも3分の1の独立社外取締役の選任（プライム市場上場会社の場合は過半数）、または利益相反管理のための特別委員会を設置すべきという原則が新設されました（基本原則4 考え方、補充原則4－8③）。

基本原則4（考え方）にもあるように、「支配株主は、会社及び株主共同の利益を尊重し、少数株主を不公正に取り扱ってはならないのであって、支配株主を有する上場会社には、少数株主の利益を保護するためのガバナンス体制の整備が求められる」からなのです。

「**支配株主**」とは、親会社（非上場会社を含む）のみならず、議決権の過半数を有する個人も含み（有価証券上場規程2条の42の2、有価証券上場規

程施行規則3条の2）、一方「**少数株主**」とは、支配株主（あるいは支配的な株主）以外の株主であって、会社の経営（意思決定機関）に対して直接または間接の支配力をもたない株主をいいます（東京証券取引所「支配株主及び実質的な支配力を持つ株主を有する上場会社における少数株主保護の在り方等に関する中間整理」、2020年）。

平たく言えば、会社であれ個人（個人の親族や影響力の及ぶ会社も合算して）であれ、「議決権の過半数」を有して会社の経営に影響力を及ぼしうることがポイントですね。

ここで現実を見てみましょう。「過半数」だけを分岐点に物事を単純化できるでしょうか。

日本にはオーナー会社が多く存在します。例えば、

- **社長はオーナー（創業家）一族の世襲制**
- **社長たるオーナーが、親族や一族の資産管理会社と合わせて過半数とはいわないまでも、過半数に迫る大株主**

決してオーナー会社が悪いと言っているわけではありません。オーナー会社ゆえの確固たる経営理念と強力なリーダーシップが功を奏する場合も多々あります。

ただその一方で、現状のCGコードが必ずしもオーナー会社を前提としていないために不具合が生じている側面があるのではないかと感じるのです。

公認会計士としてIPO（新規公開）にも関わる中で、上場とともに会社のステージが変わること、すなわち上場することによってステークホルダーが従前のお客様、社員、取引先のみならず株式市場まで広がっていることを十分に理解できぬまま苦悩している会社を見てきました。

現状のCGコードでは議決権の過半数を有する「支配株主」（※）を中心に

定義をして、より一層のガバナンスを義務付けています。そのときに、

A社「わが社はオーナーとその一族、親族会社を合わせても、議決権は40%
　　　程度。過半数ではなく、よって支配株主には該当しない。コーポレー
　　　トガバナンス報告書上も『支配株主なし』で問題ない」
B社「確かに、定義上は支配株主には該当しないけれど、実質はオーナー社
　　　長の影響力は絶大だから、わが社もより一層のガバナンス体制を構築
　　　しよう」

　A社のように形式的に物事を片づけるのではなく、B社のようにCGコード
の趣旨を理解し、自社にとってガバナンスを改善する前向きなチャンスとし
て捉えることができるかどうか。
　すなわち、

・**支配株主と少数株主との利益相反**
・**支配株主のマネジメントの影響力が強大であるときに、少数株主（一般株
　主）の利益を保護するにはどうしたらよいのか**

という論点として捉えることができるかどうか。
　ここで会社の命運が分かれるといっても過言ではないと思います。

※「支配株主」とは、次の4つのうち①②のいずれかに該当する者のことです。
①親会社（議決権の過半数を所有している等）
②主要株主で、当該主要株主が自己の計算において所有している議決権と、次に掲げる者（③と④）
　が所有している議決権とを合わせて、上場会社の議決権の過半数を占めているもの）
③当該主要株主の近親者（株主の二親等内の親族）
④当該主要株主及び③が、議決権の過半数を自己の計算において所有している会社等（会社、指定法人、
　組合その他これらに準ずる企業体（外国におけるこれらに相当するものを含む）をいう）及び当該
　会社等の子会社

これが近時、話題になっている「**議決権の過半数を有していないものの、実質的な支配力をもつ株主（支配的な株主）**」に関する論点です。支配的な株主がいる会社においては、現行の上場制度のもとでは少数株主保護が十分に図られていないのではないかと指摘されているのです。

とある会社の事例③「中長期的」っていつ頃のこと？

　とある会社で当社のあるべき姿を語り合っている際に、社長が話されている戦略のストーリーと私の想定する将来像とが少しずれているように感じ、この違和感は何だろうと考えたことがありました。

　いわゆる、CGコードのいう「**中長期的な企業価値の向上**」の「中長期的」とは何かという論点です。

　一般に「短期」とは1年以内、会計上の「**ワン・イヤー・ルール（One year rule）**」に通じる概念です。

　例えば短期借入金は、1年以内に返済期限の到来する借入金、長期借入金は返済期日まで1年を超える借入金を意味します。会計上の「長期」は1年超を意味するのですね。

　また「中期」とは、コロナ禍前は1年を超えて3〜5年、さらに「長期」とは5年以上、10年、20年というスパンを意味していたように思います。中期経営計画を3年ごとに更新したりするのも、そのためです。

　一方で、コロナ禍や昨今のウクライナ情勢等、環境変化の激変を経験した現在は、1年後ですら見通すことが難しいという感覚から、「中期」といえども2〜3年を（暗に）想定して話されるようになってきたように感じます。5年後、10年後など想像すらできない、といった感覚でしょうか。

　とするならば、CGコードのいう「中長期的な企業価値の向上」を考える際の「中長期的」が意味するところは何なのか？　という疑問が湧き上がっ

てきます。概して執行側、特に経営トップにいらっしゃる方々などは、自らの在任中に何ができるかという「無意識の」思考の制約があるのではないかと思います。これも無意識バイアスの一種でしょう。

　だからこそ社外役員としては、10年、20年（もちろんもっと長くてもよいのですが）という先を見通して、この会社がどうあるべきか、社会の中でどのような役割を担っていてほしいのかという、大局的な観点で執行側に問いかけをする必要があるのだと感じます。また、それこそが社外の視点として求められている姿勢なのではないかと思います。

　先の会社の事例に戻れば、私は会社の行く末、将来像を想定して語っていました。ある意味、理想論です。

　その一方で、社長を含む執行側は「中長期」といえども、おそらくこの先1年から3年をイメージして話をしていらっしゃったように感じます。現実論なのですね。自らの年齢や在任期間を無意識の前提としているようです。

　どちらが良い悪いではなく、見ている未来や将来像、ひいては自社のあるべき姿が違うということに気がつきました。ゴールが異なれば戦略のストーリーそのものが変わってきます。

　その点を言葉にすることでお互いの理解が進み、直近の課題と将来のありたい姿とを分けて議論することになり、一件落着となりました。

新市場区分におけるガバナンスの在り方

　2022年４月に東京証券取引所の市場区分が変わりました。従来の「市場第一部」「市場第二部」「マザーズ」「JASDAQ」の４つの区分が、**「プライム市場」「スタンダード市場」「グロース市場」**の３つに再編成されることになりました。

　各市場のコンセプトの明確化とシンプルな基準の適用を目指してCGコードを改革、それをもとに新規上場基準と上場維持基準の原則共通化を図るのが目的です。

　私は、この市場区分の見直しは非常に良い機会だと思っています。それは、企業がパーパスをもう一度見直して、自分たちにとって大切なステークホルダーはいったい誰なのかを改めて考えるチャンスだと感じているからです。

　この市場区分の見直しに関して、今までどおりグローバルな企業として持続可能性を確保しよう、海外の投資家もステークホルダーに数え、より高いガバナンスや収益を求めようとしている企業は、おそらくプライム市場に残りたいという話になるでしょう。

　一方、自分たちにとって大切なステークホルダーは特定の地域の顧客であるということならばスタンダード市場へ、という形になるかもしれません。CGコードの基本的なところは押さえつつ、自分たちにとって大切なステークホルダーに対して貢献していこうという考え方も、経営としてありうると思います。

　場合によっては、もっと狭まった、限定された株主に対して貢献しようということであれば、上場をやめるという経営戦略ももちろんあります。今回のこの市場区分の見直しというのは、そういう意味で、経営を見直す絶好のチャンスだと思っています。

株主が知りたいと思っていること

メインバンクガバナンスからエクイティガバナンスへ

　戦後の日本では、銀行を中心とした経済の枠組みが強固に保持されてきました。企業にとっての財務的なニーズはメインバンクが一手に引き受け、それ故、企業へのガバナンスもメインバンク主導で進められてきたのです。このステージでは、資本市場、そして株主の姿はよく見えません。

　1990年代後半以降、いくつかの金融機関が破綻をし、規制緩和が進む中で、資本市場の存在感が大きくなってきました。それに伴い、**メインバンクガバナンスからエクイティガバナンス（株主によるガバナンス）**への移行が生じたのです。

　CGコード基本原則3には、以下の記載があります。

【基本原則3】

　上場会社は、会社の財政状態・経営成績等の財務情報や、経営戦略・経営課題、リスクやガバナンスに係る情報等の非財務情報について、法令に基づく開示を適切に行うとともに、法令に基づく開示以外の情報提供にも主体的に取り組むべきである。

　その際、取締役会は、開示・提供される情報が株主との間で建設的な対話を行う上での基盤となることも踏まえ、そうした情報（とりわけ非財務情報）が、正確で利用者にとって分かりやすく、情報として有用性の高いものとなるようにすべきである。

出所：東京証券取引所「コーポレートガバナンス・コード（2021年6月版）」

CGコード基本原則3（考え方）にもあるように、上場会社が法令に基づき適時適切に情報を開示することは、投資家保護や資本市場の信頼性確保の観点から不可欠の要請とされています。また、上場会社は、法令に基づく開示以外の情報提供にも主体的に取り組むべきとされ、世の中はエクイティガバナンスへと舵を切っているのです。

　加えて、CGコード基本原則5（考え方）後段には、以下のような記載があります。

【基本原則5】

（前略）

　一般に、上場会社の経営陣・取締役は、従業員・取引先・金融機関とは日常的に接触し、その意見に触れる機会には恵まれているが、これらはいずれも賃金債権、貸付債権等の債権者であり、株主と接する機会は限られている。経営陣幹部・取締役が、株主との対話を通じてその声に耳を傾けることは、資本提供者の目線からの経営分析や意見を吸収し、持続的な成長に向けた健全な企業家精神を喚起する機会を得る、ということも意味する。

出所：東京証券取引所「コーポレートガバナンス・コード（2021年6月版）」

　とするならば、経営者としても頭を切り替えなくてはなりません。利害関係者の中心にメインバンク（債権者）を据えたものの見方・考え方ではなく、株主（投資家）の視点をもって、投資家が何を求めているかということに真摯に向き合う必要があるのです。スタートのボタンをかけ違えてはならないのです。

株主（投資家）は何を求めているのか

銀行（債権者）目線から株主（投資家）目線へ。

言葉で言うのはたやすいですが、頭を切り替えることは容易ではありません。

株式に投資するということは、どういう意味をもつのでしょうか。株価に対する元本保証はなく刻々と変動しますから、株式は元来リスクを内包しているものであるといえます。そのような株式に投資する心理は、ズバリ「期待」に他なりません。

すなわち株主は、**自らの投資額を上回る収益を期待**しています。その分岐点が「**資本コスト**」です。もし期待を裏切られれば株主は失望し、その不満を株主総会等で表明したり、あるいは資本市場で株式を売却したりするでしょう。

そして自らの期待を実現してくれる企業かどうかを理解するために、**将来の企業価値創造ストーリーを知りたい**と思っています。

一方、現状の制度会計は過去の実績を中心に開示がされ、これはこれで債権者たる銀行にとっては、返済原資（現金預金のみならず、売却可能な有価証券や不動産なども含みます）がちゃんとあるかどうかを見るために有用な情報なのですが、投資家としては非財務情報も含めた企業の全体像、しかも将来に向けての戦略ストーリーを知りたいと思っています。

将来というのは、不確実な予測です。過去の実績確定数値とは全く方向性が異なります。それでも経営者が「これだ！」と見ている確からしい将来像を知りたいのです。

すると、例えば現在自社でつくっている中期経営計画は、投資家の願いに叶ったつくり方になっているでしょうか。例えば統合報告書では、投資家の知りたいと思っている、企業の多面的な価値創造の物語を紡いでいるでしょ

うか。

　そうした疑問が湧いてくるのです。

　債権者（銀行）は安定志向です。十分な返済原資があるかどうかに着目しています。多角化してリスク分散することにも賛成です。子会社上場で受取配当金という返済原資たる現金が親会社に入ってくることにも好意的です。もちろん政策保有株式を有して安定的な経営をすることにも大賛成です。わざわざリスクをとってほしくないのです。

　一方、投資家は、企業の成長のためにリスクテイクすることも、借入をしてレバレッジを効かせることにも理解があります。その代わり、成長できないのであれば配当として還元を望みますし、内部留保や遊休資産など、活用できていない可能性のある資金の機会損失には敏感です。投資家として市場でポートフォリオを組んでいる以上、十分なシナジーやブランド創出という企業価値創出を期待できる多角化でなければ、納得がいきません。

　投資家は、この保証のない自らの投資行動を見守るために「**モニタリング**」を要求します。そして究極的には、投資家は**経営者の指名、報酬こそガバナンスの要である**と理解しています。自らの投資機会を成功裏に収めるには当然のことといえましょう。

　そもそも株式会社とは、株主があってこそ成り立っている会社形態です。そのような意味からも、株主によるガバナンス（エクイティガバナンス）を再考する最良の機会を今、得ているといってもよいのかもしれません。

4 ◆ 株主との対話

スチュワードシップ・コードとエンゲージメント

スチュワードシップ・コードとは？

　スチュワードシップ・コードとは、機関投資家（年金基金やその委託を受けた運用機関等）に対して、**企業との対話を行ない、中長期的視点から投資先企業の持続的成長を促すことを求める**行動原則のことをいいます。そもそもは他者から預かった資産を、責任をもって管理運用すること、すなわち**受託者責任**を意味します。

　CGコードと同じソフトローであり、コンプライ・オア・エクスプレイン及びプリンシプルベース・アプローチ（原則主義）です。

　投資先企業の持続的成長を促し、顧客・受益者の中長期的な投資リターンの拡大を図るために、8つの原則を有しています。

　1．機関投資家は、スチュワードシップ責任を果たすための明確な方針を策定し、これを公表すべきである。
　2．機関投資家は、スチュワードシップ責任を果たす上で管理すべき利益相反について、明確な方針を策定し、これを公表すべきである。
　3．機関投資家は、投資先企業の持続的成長に向けてスチュワードシップ責任を適切に果たすため、当該企業の状況を的確に把握すべきである。
　4．機関投資家は、投資先企業との建設的な「目的を持った対話」を通

じて、投資先企業と認識の共有を図るとともに、問題の改善に努めるべきである。

5．機関投資家は、議決権の行使と行使結果の公表について明確な方針を持つとともに、議決権行使の方針については、単に形式的な判断基準にとどまるのではなく、投資先企業の持続的成長に資するものとなるよう工夫すべきである。

6．機関投資家は、議決権の行使も含め、スチュワードシップ責任をどのように果たしているのかについて、原則として、顧客・受益者に対して定期的に報告を行うべきである。

7．機関投資家は、投資先企業の持続的成長に資するよう、投資先企業やその事業環境等に関する深い理解のほか運用戦略に応じたサステナビリティの考慮に基づき、当該企業との対話やスチュワードシップ活動に伴う判断を適切に行うための実力を備えるべきである。

8．機関投資家向けサービス提供者は、機関投資家がスチュワードシップ責任を果たすに当たり、適切にサービスを提供し、インベストメント・チェーン全体の機能向上に資するものとなるよう努めるべきである。

出所：金融庁 スチュワードシップ・コードに関する有識者検討会（令和元年度）「『責任ある機関投資家』の諸原則《日本版スチュワードシップ・コード》」、2020年3月24日（2014年2月26日策定、2017年5月29日改訂）

エンゲージメント──説明責任と対話

「『責任ある機関投資家』の諸原則《**日本版スチュワードシップ・コード**》」においては、その副題として「投資と対話を通じて企業の持続的成長を促すために」と書かれています。

ここでいう「対話」とは、次にあるように「**建設的な『目的を持った対話』（エンゲージメント）**」を意味します。

「責任ある機関投資家」の諸原則《日本版スチュワードシップ・コード》について

　本コードにおいて、「スチュワードシップ責任」とは、機関投資家が、投資先企業やその事業環境等に関する深い理解のほか運用戦略に応じたサステナビリティ（ESG要素を含む中長期的な持続可能性）の考慮に基づく建設的な「目的を持った対話」（エンゲージメント）などを通じて、当該企業の企業価値の向上や持続的成長を促すことにより、「顧客・受益者」（最終受益者を含む。以下同じ。）の中長期的な投資リターンの拡大を図る責任を意味する。

　本コードは、機関投資家が、顧客・受益者と投資先企業の双方を視野に入れ、「責任ある機関投資家」として当該スチュワードシップ責任を果たすに当たり有用と考えられる諸原則を定めるものである。本コードに沿って、機関投資家が適切にスチュワードシップ責任を果たすことは、経済全体の成長にもつながるものである。

出所：金融庁 スチュワードシップ・コードに関する有識者検討会（令和元年度）
「『責任ある機関投資家』の諸原則《日本版スチュワードシップ・コード》」、
2020年3月24日（2014年2月26日策定、2017年5月29日改訂）

　一方、企業にはCGコードがあります。

　CGコードでは、経営の基本方針や業務執行に関する意思決定を行なう取締役会が、経営陣による執行を適切に監督しながら、的確なガバナンス機能を発揮することによって、企業価値の向上を図る責務を果たすことを求めています。

　CGコード基本原則3（考え方）にもあるように、わが国の上場会社による情報開示は、財務的数値については、様式や作成要領などが詳細に定められており、比較可能性に優れているという特徴があります。その一方で、経営戦略やリスク、ガバナンス、ESG関連などの非財務情報については、未だ

不十分な記述に留まっているのが現状です。

　取締役会としては、情報の利用者にとって有益な記載となるよう、積極的に関与することが求められています。これは法定開示もそれ以外の情報においても、同様に期待されるふるまいです。なぜなら、株主をはじめとするステークホルダーは会社の外側にいるために、情報の非対称性が生じているからです。

　またCGコード基本原則5（株主との対話）においても、「上場会社は、その持続的な成長と中長期的な企業価値の向上に資するため、株主総会の場以外においても、株主との間で建設的な対話を行うべきである」とあります。

　そして「経営陣幹部・取締役（社外取締役を含む）は、こうした対話を通じて株主の声に耳を傾け、その関心・懸念に正当な関心を払うとともに、自らの経営方針を株主にわかりやすい形で明確に説明しその理解を得る努力を行い、株主を含むステークホルダーの立場に関するバランスのとれた理解と、そうした理解を踏まえた適切な対応に努めるべきである」とされ、**対話と説明責任の重要性**がCGコードにおいても述べられていることに注目する必要があります。

　持続的な成長のためには、

①上場会社は平素から株主と対話を行ない、具体的な経営戦略や経営改革などに対する理解を求めるとともに、投資家が真に望む情報が何であるかを理解するよう努める

②投資家はスチュワードシップ・コードを踏まえて、投資先企業やその事業環境等に関して深く理解し、建設的な「目的を持った対話」（エンゲージメント）をする

③会社は自らの情報について、財務・非財務の区別なく積極的に開示をして説明責任を果たす

すなわち、**CGコードの求める企業の責務とスチュワードシップ・コードの求める機関投資家の責務とは「車の両輪」**です。

両者が適切に相まってこそ、質の高いコーポレートガバナンスが実現され、企業の持続的な成長と顧客・受益者の中長期的な投資リターンの確保が図られるのです。

> Comment
>
> 機関投資家と企業との間で建設的な「目的を持った対話」（エンゲージメント）が行なわれるには、何が必要でしょうか？

やらされ感から解放されるために

自分たちの会社の良さをアピールする

　CGコードもある、ESGもある、気候変動への対応もある、最近は人的資本とやらも出てきた、投資家との対話とは何を話せばいいのか……。

　政策保有株式を減らせば、いざというときの安定株主が減ってしまう、モノ言う株主が何か言ってきたらどうしよう……。

　経営者が「○○しなくてはならない」「ねばならない」と考えて、慌てふためいている現場があるのも現実です。

　一方、見方を変えて、変化をチャンスと捉えることはできないでしょうか？

　「エクイティガバナンス」という株主視点に頭を切り替えて、情報開示を通じて説明責任を果たすこと、また投資家と対話することを、自分たちの良さをアピールする機会と捉えてみてはどうでしょうか。

　「良さ」をアピールする際にも、独りよがりではいけません。**対話を通じて投資家の求める情報は何であるかを探り、主体的に積極的に情報開示をして説明責任を果たしていく**のです。

トップのコミットメント

　ここで最も大切なことは、トップのコミットメントです。**覚悟、本気度**と言い換えることもできるでしょう。

　制度開示である財務情報も、今まさに進化しつつある非財務情報も、会社が株主をはじめとするステークホルダーに何を伝えたいのか、その軸がブレ

ないように作成していくことが大切です。

統合報告書の役割

そのような意味で、統合報告書のもつ意味も非常に大きいです。

統合報告書は、もともと作成していた有価証券報告書とCSR報告書の合体版ではありません。ましてや、会社紹介の冊子でもないのです。

企業が目指す将来像を財務、非財務合わせて統合的に考察し、自社はどのような企業価値を生み出そうとしているのかを社長自らが世の中に発信する貴重な手段であり、**経営者の宣誓書**です。経営者自身が未来へのストーリーを思い描き、それを語る場が統合報告書なのです。

経営戦略はストーリーです。経営者が自社の経営戦略を語る際に数字だけを用いるのであれば、その戦略は2次元、すなわち企業の一側面ですよね。来年の売上と利益はいくらで、再来年はいくらで、5年後の売上と利益はこのくらいで……と力説されても、薄っぺらな紙の上での空言に聞こえてしまいます。

そうではなく、ESGをはじめとする非財務情報も統合して経営戦略を語ったらどうでしょうか。そもそも企業価値を生み出すのは人であり、その人的資本の価値は数字（しかも支払っている給料）だけでは表現できないのです。

5 ◆ ESGと非財務情報

ESGの潮流

▎「ESGガチャ」が起きようとしている

　気候変動などESGに関する論点は、一義的には上場会社がその対象です。「社会の持続可能性」という観点から投じられる資金であるサステナブル投資も、今や日本の年間GDPと同水準に達し、「カネ」の流れが変わりつつあります。

　また気候変動や人的資本をはじめとする情報開示の義務化が推進され、企業行動を望ましい方向へと変えていくプレッシャーがかかっています。すなわち、ESG情報開示の充実が急速に進む背景には、**地球環境と社会の持続可能性を維持するための、金融政策と産業構造の大転換がある**のです。

　実際に企業の現場にいる肌感覚として感じること、それはこの時代の急速な変化の波に決して乗り遅れてはならないという危機感です。

　旧来の機関投資家は、資本コストを賄うだけの収益性をもたない企業の株式を保有し、収益性を上げるようにプレッシャーをかけてきました。その一方でこれからは、ESG対応に遅れをとっている企業は、「ネガティブ・スクリーニング」という運用手法が示すように、投資対象から外されてしまうと思うのです。すなわち、ポートフォリオから外され、相手にされなくなるのです。

　これは資本市場に限った論理ではありません。サステナビリティ課題への

取組みが消極的だと見なされれば、資金が入ってこない、商取引のサイクル
から外される、優秀な人材が入社を控えるなど。企業や個人の多岐にわたる
選択に、ESGが影響を及ぼしているのです。

　今まさに、コインを入れてハンドルを回すガチャポンのような「**ESGガチ
ャ**」が起きようとしています。

▍**Gの歴史とESの歴史**

　「ESG」という言葉は、今やすっかり定着してきましたが、この**E（環境）、
S（社会）、G（ガバナンス）**という3つの視点が統合されたのは、つい最近
のことです。

　まずG（ガバナンス）の歴史をひもといてみましょう。

　時は17世紀、あなたはオランダ商人になったつもりで読んでみてください。
あなたは風の便りで、何やら非常に気になる噂を聞きつけます。インドとい
う見も知らぬ遠い国へ行き、胡椒というものを持ち帰ることができれば、一
攫千金大儲けできるというのです。

　あなたも一攫千金を狙おうと思いました。さてあなただったら、まず何か
ら準備に取りかかりますか？

　役員トレーニングでも、受講者の皆さんにこのように問いかけ、グループ
ワークで自由に話をしてもらいます。

　「まずは自分の夢を仲のいい友人に話して、仲間を募るかな」「船を造るた
めには資金が必要だから資金調達だ」「船は自分ではつくれないよね？　船
大工を頼まないと」「資金調達ってどうすればいいのだ？　パトロン見つか
るかな？」「そもそも情報収集しないと。ガセネタかもしれない」等々、さ
まざまな意見が飛び交います。

　大変興味深いことに、「ヒト」という切り口から話し始める人、「カネ」と

いう観点で語る人がいて、すなわち、ヒト・モノ・カネ・時間・情報という経営資源に対して、自分が何を一番大切にしているのかが明らかになってきます。この経営資源のやりくりこそが、「マネジメント」です。

①事業計画を立てる

　事業を起こすためにはヒト・モノ・カネ・時間・情報という経営資源が必要です。まずは自らのビジョン、成し遂げたいことを言語化して仲間を募り、資金調達をしなくてはなりません。事業計画を立てる必要があるのですね。もちろん、十分な情報収集が大切であることは言うまでもありません。

②資金調達をする

　まとまった資金を効率的に調達するためには、少額でいいので多くの人から資金を集めることが必要になってきます。これは自分がカネを貸す側だとして、例えば1万円なら貸せても、いきなり100万円を貸すのは勇気がいるなどと考えてみると理解がしやすいです。

　そこで考案されたのが「株式」という考え方です。株式会社の株式ですね。大金持ちのパトロンを探すより、不特定多数から少額ずつ資金を調達するのです。

③所有と経営の分離

　船が建造でき、仲間とともにインドへ旅立つ日が近づきました。もちろん自らがインドまで出向いてもいいですが、自らは指令を出して本国に残っているという選択もあるでしょう。

　自らは経営に専念するのです。経営資源を有効活用して事業を行なう立場です。

④アカウンタビリティ＝説明責任を果たす

　船は途中嵐に見舞われましたが、無事に胡椒を手に入れて帰港しました。資金を提供してくれた「株主」たちに、事業結果を説明しなくてはなりません。そのときに用いたのが「数字」です。いくら売り上げていくら儲け

たのか、数字を用いて説明するのです。会計の始まりですね。

「account」には「説明する」という意味があります。「accountability」とは「説明責任」ですね。会計は「accounting」といいますが、これは「所有と経営が分離」している株式会社において、経営者が株主に説明責任を果たすために生まれた方法なのです（63ページの図参照）。

⑤ガバナンス

東インド会社は、今でいう「パーパス（purpose）」も不明瞭でした。もちろん経営の仕組みも整っていませんから、経営者に払う報酬や株主への配当の決め方も適当だったと言わざるをえません。

そこで登場したのが「ガバナンス」という考え方です。**「マネジメント」（経営資源をやりくりして事業をなすこと）の対として「ガバナンス」（船の舵取り）**があるのです。

もちろん、このG（ガバナンス）が本格化するには、個人株主ではなく機関投資家の登場を待たねばなりません。米国では、1974年のERISA法（Employee Retirement Income Security Act）制定、また1978年の401K導入によって株式市場における機関投資家のシェアが拡大し、結果としてガバナンスが進化してきたという歴史があります。

一方、E（環境）やS（社会）についても、1920年代、米国キリスト教教会がタバコ、アルコール、ギャンブル等に関わる企業への投資を、宗教上の理由から禁止（ネガティブ・スクリーニング）したことが始まりともいわれています。**社会的責任投資（SRI＝Socially Responsible Investment）**です。

1960年頃からは社会課題の解決、1990年代からは環境課題への意識の高まりとともに、より一層の進化を遂げてきました。でもこの時点では、まだまだESG投資が本格的にスタートしていたわけではありません。

G drives E&S

ESG投資が本格的に普及するきっかけとなったのは、2006年に国連が提唱した「**責任投資原則**」（PRI=Principles for Responsible Investment）です。これは投資家が投資の意思決定をする際に、ESGの観点を考慮すべきであるとする世界共通のガイドラインです。

その後2014年、金融庁が「責任ある機関投資家の諸原則」（日本版スチュワードシップ・コード）を発表、2015年にGPIF（年金積立金管理運用独立行政法人）が国連PRIに署名をすることで、日本においてもESG投資が拡大するに至りました（112ページの図参照）。

昨今、「ESG経営」「サステナビリティ経営」が叫ばれるようになってきました。経営者としても、ESGやサステナビリティという観点なしに経営をすることは、もはや不可能です。

ここで大切なことは、「**GがEとSを牽引している**」、すなわち「**G drives E&S**」**という概念**です。すなわち、Gが機能しないと、EもSも表面的な対応に終始してしまうということです。

では、そのG（ガバナンス）が機能するために本質的に必要なことは何でしょうか？

Gを突き動かすエンジンがボード・ダイバーシティです。取締役会という会社の意思決定機関における、意思決定プロセスの多様性確保です。

本書で何度も申し上げているように、現代の企業を取り巻く環境は不確実で非連続です。さまざまな視点と短期・長期の時間軸をもって、企業の向かうべき方向性を検討しなくてはなりません。

そのときに必須であるのが**意思決定プロセスにおける多様性の確保**なのです。金太郎飴のように同質的な頭では、同じことしか思いつかないからです。それができる企業とできない企業で「ESGガチャ」が起き、その結果として

分断が起こるのです。

　企業の命運を左右する取締役会が多様性のある人材で構成されていれば、その意思決定プロセスに多様な視点がもたらされます。そのようなGがEとSとを有機的に結びつけ、企業を一貫したストーリーのもと牽引していくのです。まさしく「G drives E&S」です。

　ボード・ダイバーシティが進めば、ヒトの流れが変わります。先述したサステナビリティ投資も、カネの流れから企業のふるまいを変えていこうとする資本市場からの圧力です。真剣にESGに向き合う覚悟を決めないと、ヒトもモノもカネも入ってこなくなります。経営資源の流れが変わってきているのです。

　2022年4月に始まった新しい資本市場区分についても、「G drives E&S」にどこまで真摯に向き合えるかを試され、またふるいにかけられているという自覚をもって取り組む必要があるといえるでしょう。

　日本のGはアメリカに比して歴史が浅いです。アメリカのような機関投資家と経営者とのパワーバランスの変化、互いが切磋琢磨することでヒト・モノ・カネを引き寄せ、収益性・成長性を上げてきた歴史も経験していません。そのような意味でも、意識してGを整え、EとSを牽引していくというESG経営の姿勢をもつことが肝要なのだと考えます。

> **Comment**
>
> 　ESGは単なる流行ではありません。
> 　企業活動の根幹である稼ぐこと、儲けることを基軸に、社会的な価値ともいうべきEとSをどこまで本気で企業活動に取り込めるか、企業の命運がかかっています。

非財務情報の開示の方向性

非財務情報とは

CGコード基本原則3には「上場会社は、会社の財政状態・経営成績等の財務情報や、**経営戦略・経営課題、リスクやガバナンスに係る情報等の非財務情報**について、法令に基づく開示を適切に行うとともに、法令に基づく開示以外の情報提供にも主体的に取り組むべきである」という記載があります。

また基本原則3（考え方）にも「会社の財政状態、経営戦略、リスク、ガバナンスや社会・環境問題に関する事項（いわゆるESG要素）などについて説明等を行ういわゆる非財務情報」という記載があります。

ここでいう財務情報とは、**①過去の実績数値（定量情報）、②主として会計基準等に沿って開示される法定開示情報**を意味しています。

それに対し非財務情報とは、**①企業の自発的な開示情報**であり、**②過去情報（例：CO_2削減量）、将来情報（例：中期経営計画、事業を取り巻く環境予測）ともにあり、③定量情報、定性情報**ともにある（数値で表現できないものもある）といえます。

非財務情報の開示については、法定開示のように一律にルールで定められているわけではないため、現状比較可能性が十分ではありません。

開示箇所も統合報告書やファクトブック、ホームページなど、各社の努力に委ねられています。この開示の在り方について、一気に検討が進められています。

人はコストなのか？

　今から30年近く前、駆け出しの公認会計士だった私は、ひとつの素朴な疑問をもっていました。

「どうして制度開示では、人をコスト（支払った給料）としてしか測れないのだろう」

　これは大学で経済学を専攻していたときに感じた疑問と同じ種類のものでした。いわゆる「経済合理性」を前提とした人の営みは、生身の人間の感情が排除されてモデルがつくられているのですね。

　当時の私は幼い子どもたちを抱えるママ会計士でした。定時を過ぎたら一刻も早く家に帰らなくてはなりません。脇目もふらず、それこそ目の色を変えて必死に仕事をしていました。
　一方、同年代の男性陣は執務室でもたばこ部屋でも、上司と穏やかに談笑しています。定時後は飲みに行き、週末はもちろん上司と連れ立ってゴルフ。当然のことながら男性の同僚たちは上司らと親しくなり、よりいっそうの緊密な人間関係を築いていきます。
　挙句の果ては、その親密さが人事評価に直結してしまい、第2子出産後に職場に戻ったときに職階を落とされてしまったり、パートナー（監査法人における上位の経営職）になれる見込みはないと言われてしまったり。当時は子どもをもって働く女性には、まだ非常に厳しい時代だったのですね。
　ますます、「会社が支払った給料（コスト）」で人を表現する会計に違和感を募らせました。

　「潜在能力（ポテンシャル）・やる気（モチベーション）はどうやって表現できるのだろう。そもそもどうやって測るのだろう」

「ひとりとして同じ人間はいないのに、なぜ紋切り型の長時間労働を前提とした人事制度なのだろう」

「数字の後ろに人が見えますか？」

私の「会計」の講義において、必ず受講者に問いかける質問です。会社は「ヒト」で成り立っているわけですから、単に決算書を読めるようになるだけではなく、数字のウラにいる「ヒト」を意識してほしいのです。

生身の人間の営みによって会社が動いている、会社として「売上」があがることも「儲け（利益）」が出ることも、結局は生身の人間の行為の結果なのです。スムーズに協力し合えるときもあれば、コンフリクトを起こすときもあるでしょう。悩みながらもその葛藤を乗り越えて、再び笑顔になるような、ウェットで感情的な人間の営みの結果として売上や利益が生み出されてくるはずなのに、決算書の数値は非常にドライで無味乾燥です。その当たり前のことを意識してほしいのです。

話は少し逸れますが、「コンプライアンス」の講義でも同様です。「人」「人の心」という視点を大切にしています。人間は、結構適当で忘れっぽくて、何でも自分に都合よく解釈してしまいがちな生き物ですから、白黒きっちりなどしていないのです。

時は流れ、ダイバーシティ（多様性の受容）も働き方改革も、さらには人的資本の測定と開示というテーマまで検討されるようになりました。今から思えば当時の疑問は、会計という世界で人それぞれの個性（ダイバーシティ）を表現できないもどかしさに対する違和感だったのですね。

▎人的資本の開示が進む

2020年8月、米国証券取引委員会（SEC）は「人的資本の情報開示」を上

場企業に義務付けると発表しました。具体的な開示項目としては以下の8項目が示されています。

①契約形態ごとの人員数
②定着・離職、昇格、社内公募
③構成・多様性
④スキル・能力
⑤健康・安全・ウェルビーイング
⑥報酬・インセンティブ
⑦経営上必要となったポジションとその採用の状況
⑧エンゲージメント・生産性

また国際標準化機構（ISO）による人的資本の情報開示に関する国際規格ISO30414や、世界経済フォーラム（WEF）によるESG指標の開示に関する枠組み、2022年にはIFRS（国際会計基準）財団に国際サステナビリティ基準審議会（ISSB）が設立され、気候変動をはじめとしたサステナビリティ領域の開示基準が策定され始めています。

日本でも2021年6月に東京証券取引所がCGコードを改訂し、サステナビリティに関する課題として、「人権の尊重」「従業員の健康・労働環境への配慮」「公正・適切な処遇」など人的資本に関する項目が盛り込まれました。補充原則3－1③においても「人的資本や知的財産への投資等についても、自社の経営戦略・経営課題との整合性を意識しつつ分かりやすく具体的に情報を開示・提供すべきである」と明記されています。

岸田文雄首相は2021年12月の所信表明演説で「**人材投資の見える化を図るため、非財務情報開示を推進する**」と述べました。人的資本に関する情報開示の指針（開示項目や評価方法）を策定し、記載箇所も統合報告書ではなく、一部は2023年度にも有価証券報告書に記載することを義務付けると宣言した

のです。すなわち、開示を通じて人材への投資を促すことで無形資産を積み上げ、日本企業の成長力を高めることを目指しているのです。

2022年6月に決定した新しい資本主義の実行計画においても、政府は「非財務情報の開示強化を進める」と明記しました。

その後2022年7月25日、日本公認会計士協会定期総会に岸田文雄首相がいらっしゃり、企業に有価証券報告書への記載を義務付ける非財務情報の対象について、具体的な内容を2022年秋頃に示すと表明されました。

首相は非財務情報として、

①人材育成方針、男女別賃金、女性管理職比率などの人的資本
②気候変動対応などのサステナビリティ（持続可能性）

を例示し、「有価証券報告書の記載事項として、来年度から開示を義務付ける」としました。

従来の制度会計では、「ヒト」は損益計算書における人件費（コスト）であり、せいぜい従業員数や平均在籍年数、平均年齢、平均給与などでしか表現できませんでした。一方、昨今「ヒト」は企業の財産であり、企業価値を生み出す源泉であると（当たり前のことですが）いわれるようになってきました。

そしてとうとう2023年3月期からは、有価証券報告書の「第一部　企業情報　第2　事業の状況」に、「**サステナビリティに関する考え方及び取組**」が新設されました。人的資本については、「人材育成方針」や「社内環境整備方針」及び当該方針に関する指標の内容や当該指標による目標・実績を開示することになったのです。

このように、有価証券報告書という法定開示において開示が義務付けられれば、非財務情報の開示は一気に進みます。

先の日本公認会計士協会定期総会において、岸田首相は「新しい資本主義のコンセプトのもと、官民連携して気候変動や格差といった社会課題を成長のエンジンにして持続可能な経済をつくっていく」、そして「社会課題の解決に資金が集まる流れを確保することで、新しい資本主義の推進力になってほしい」と仰いました。新しい資本主義を実現するための資本市場の在り方を示し、サステナビリティ情報を含む情報開示の信頼性確保における公認会計士への期待を述べられたのです。

　そして2023年3月期、制度開示が始まりました。今まさに、「ESGガチャ」が起こりつつあるのです。

参考：日本経済新聞「非財務情報の有報記載義務、岸田首相『秋ごろ内容示す』」、2022年7月25日
　　　https://www.nikkei.com/article/DGXZQOUA253T4025072022000000

▌開示のコツは、やはりストーリー

　今までコストと捉えてきた「ヒト」についての開示が進む中で、戸惑いを隠せない企業も多くあるかと思います。

　開示のコツはただひとつ。**自社の人材に対する具体的な考え方や取組み内容を経営戦略の中で定量的なデータとともに、ストーリーとして語ることができるか否か**という点です。

　ステークホルダーが求めているのは、単にデータを羅列したレポートではありません。画一的な数値のみでは表現できない「ヒト」という人的資本を何らかの数値に紐づけて表現しようとする努力は必要ですが、あくまでも自社の一貫した戦略ストーリーとして表現するという覚悟が必要でしょう。

　自社の経営理念や、採用・登用・育成・昇格や昇進など人材マネジメント

に関する方針のもとで、自社が従業員とどのような共通の価値観を育んでいるのか、またKPI（重要業績評価指標）として何を重要視しているのか等を示しながら、自社の人材に対するありたい姿や方針、さらには人的資本に関する戦略を表明し、投資家をはじめとするステークホルダーの納得感を高める必要があるのです。

　もちろん、ステークホルダーの中心は投資家かもしれませんが、人的資本に関する情報は従業員や顧客、地域社会等へのメッセージになるでしょうし、この従業員の中には、これから入社を希望している将来の従業員も含まれています。これらステークホルダーとの建設的な対話を通じて、自社にとっての人的資本戦略がより洗練されてくるといえるでしょう。

　そして勘のいい読者の方々はすでにお気づきだと思います。

　そう、旧来の日本的経営における年功序列、終身雇用という画一的で同調的な従業員を前提とした人事制度では対応ができないのです。

　グローバルな人材市場において、自社に必要な人材を獲得したり、アルムナイ（退職者）ネットワークを構築したり、副業・兼業を自由化してアライアンスを組んだりするような、より流動的で戦略的な人材の獲得とマネジメントが必要になってくるのです。

> **Comment**
>
> 　人的資本こそ競争力の源泉であり、競争優位を獲得するために必須のものです。
> 　今さらですが、「ヒト」は企業にとってかけがえのない財産です。

非財務情報に注目が集まることはwelcome

　情報を財務情報と非財務情報とに区分するならば、財務情報の開示の
みで企業の実態を表現できるはずはありません。特に、無形資産（人の
もつアイデアやノウハウ、知的財産、企業のブランド、ビジネスモデル
など）が企業価値の源泉であると認知されるようになった現在（時遅し
の気もしますが……）、非財務情報開示に向けての流れは、非常に望ま
しいものであると歓迎しています。

　2022年2月18日の日本経済新聞では、企業が抱える人材の価値を示
す「人的資本」の開示を求める動きが世界各地で急速に進んでおり、欧
州連合（EU）や米国、日本は年内にも開示ルールをつくろうとしている
こと、また投資家の人的資本に対する注目の高まりを背景に、開示情報
が増えれば世界の投資家による企業の選別が一段と加速する可能性があ
ることが掲載されました。

　特にEUは人的資本を含めたESG（環境・社会・企業統治）の情報開示
ルールの策定を進めており、また米国も、米証券取引委員会（SEC）が
2020年8月に上場企業に対して人的資本の情報開示を義務付けており、
2021年秋から改正が進行しています。

　加えて日本では、2023年3月期決算以降の有価証券報告書において、
人材育成方針や社内環境整備方針等の記載が求められるようになり、と
うとう人的資本の開示が義務化される段階まで進みました。

　とはいえ、現実には課題が山積しています。

　人的資本を例にとれば、「ヒト」という評価の難しい定性情報を、何
らかの形で、例えば定量情報を用いて比較可能性をもたせなくてはなり
ません。

　果たして、数値化できるのでしょうか？　また数値化して比較可能性
をもたせれば、それで良いのでしょうか？

人的資本経営には2つの視点があります。ひとつは「比較可能性」、もうひとつは「独自性」です。

　比較可能性については、有価証券報告書での開示を中心に整備が急ピッチで進められています。一方**独自性**については統合報告書等において、現状とあるべき姿とのギャップを明らかにし、定性情報をできるだけ定量情報として表現していくことが求められていくでしょう。

　その際には、将来の経営人材としてどのような人材を求めているのか、組織の健全性をどのように実現していこうとしているかなど、企業としての人的資本戦略のストーリーが必須となり、投資家に対してどのようなアピールをしていくかという、IR広報としての「**会社の魅せ方**」も重要になってくることは言うまでもありません。

　開示内容が増えれば、企業の選別が進む可能性が高いといわれるのは当然のことです。従前、投資家は、企業との対話を通じて得ていた定性情報を、定量的に把握できるようになるわけですから、投資家にとって如何に有用な情報を提供できるかが勝負になってくるからです。

　人的資本は単なる開示レベルの問題ではありません。少し大袈裟に聞こえるかもしれませんが、企業の生死に関わる大問題だと思うのです。とするならば、経営者が先頭に立って陣頭指揮をとらなくてはならないことは言うまでもありません。

　現状、各国・地域が求める開示内容はバラバラです。英IFRS財団傘下で世界共通のESG情報開示基準づくりが進んでいくでしょう。それに伴い、**人材は単なるコストではなく、資本と捉え中長期的に投資すべき対象**であるという意識がより一層高まり、企業の経営資源に対する配分を変えていくでしょう。

　企業価値向上という観点から、人的資本をどのように表現していくのか、大変興味深く見守っています。

参考：日本経済新聞「人材価値の開示、投資選別基準に　日米欧が年内にルール」、2022年2月18日
　　　https://www.nikkei.com/article/DGXZQOUB111CB0R10C22A2000000/

6 ◆ まとめ

　CGコードをあたかもチェックリストのように、使ってはいないでしょうか?

　会社はそれぞれ置かれている環境が違いますし、そもそも個性のある生身の人間の集まりからなる有機的な組織なのですから、CGコードをすべてコンプライするなどということは、本来的にはありえないはずです。

　CGコードを形式的にコンプライしようと躍起になるのではなく、自らの会社の「身の丈にあったガバナンス」を考えるきっかけにできるのであれば、それは非常に望ましいことです。

　体裁は気になるし、同業他社の動向も気になります。ですが、形式ではなく、**自社の実質を見つめるためにCGコードを活用する**、そのような姿勢が求められていると強く感じています。

【第3章 参考文献】
・日本弁護士連合会司法制度調査会 社外取締役ガイドライン検討チーム 編『「社外取締役ガイドライン」の解説（第3版)』、商事法務、2020年
・日本取締役協会 編『社外取締役の教科書』、中央経済社、2020年
・松田千恵子 著『サステナブル経営とコーポレートガバナンスの進化』、日経BP、2021年
・阿部謹也 著『「世間」とは何か』、講談社現代新書、1995年

人を活かす組織の「無意識バイアス」と「多様性」

ソフト面のトレンド

1 ◆ 多様性に向き合うことは経営戦略そのもの

目の前にいる人を活かさないなんて

日本の人口が１億人を割る日が近づいている

　今から８年前、国勢調査の行なわれた2015年。同年にCGコードが導入された際の役員トレーニングで、私は総務省統計局のグラフ（次ページ）を示しながら、日本の人口が１億人を割る日が近づいていることを伝えていました。

　「日本では世界に類を見ない少子高齢化が進行しています。実際にクライアントから『今年は新規採用が目標値に達しなかった』『募集をかけても採用数に達しない』というような悩み事をよく伺います。

　急速な少子高齢化そして大介護時代を迎える日本。このままではもしかしたら働き手がいなくなるかもしれないという現実に、今まさに直面しつつあるのです。

　2010（平成22）年の日本の人口は１億2,806万人。今（2015年当時）から約30年後の2048年には１億人を割り込むといわれているのです。

　しかも、人口減少の勢いは留まりません。さらに衝撃的なことに、2060年、今（2015年）から50年も経たないうちに、日本の人口は8,674万人になるという推計が出ているのです。

　50年も経たぬうちに人口が現在の３分の２になるという現実。この現実を皆さんは受け止めることができるでしょうか」

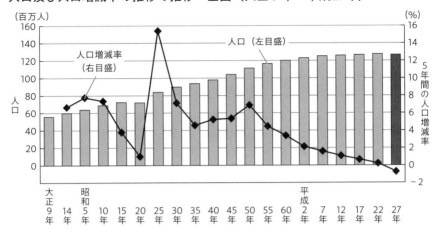

人口及び人口増減率の推移の推移 – 全国（大正9年〜平成27年）

総務省統計局「平成27年国勢調査 人口等基本集計結果」、2015年10月 をもとに作成
https://www.stat.go.jp/data/kokusei/2015/kekka/kihon1/pdf/youyaku.pdf

┃「多様性の受容」を訴えるための、ひとつの工夫

　なぜ、「コーポレートガバナンス」の講義で、日本の人口が減少すること
から話し始めるのか。これには深い訳があります。

　今でこそ「ダイバーシティ」や「多様性」「女性活躍推進」は、随分と耳
慣れた言葉になってきました。働くひとりの女性として「ダイバーシティ」、
すなわち**多様性を受容し、組織の強みに変えていく**ことは、ごく当たり前で
違和感のない概念、そして自らの切実な願いそのものです。

　ただ、当時の（そして残念ながら今もですが）役員トレーニングの受講者
は人生の大先輩である年配の男性ばかり。「ダイバーシティ」や「女性活躍」
という言葉はまだまだ聞き慣れない、どちらかというとマイナスイメージす
らもたれて引かれてしまう概念でした。

　ちなみに、講師の私としては「**組織における多様な価値観の受容の可能性**」
は生涯のテーマともいうべき大切なものです。当時はアンコンシャス・バイ

アスという言葉もなかったですから、「自らの無意識に焦点を当ててほしい」「無意識に意識を傾けてほしい」などという語り口で語りかけていました。

　ちなみに「女性」「活躍」という言葉には、男性目線のバイアスがあり、あまり好きな言葉ではありません。当時、この言葉が登場した際には、ひとりの女性として、母として、妻として、仕事人として、ひとり何役もこなしているのに、「これ以上、私に働けというのでしょうか？」という反発すら抱いたものです。

　さて、興味関心がないばかりか、マイナスイメージすらあるようなテーマを扱うときの最大の難関は、受講者が耳も心も閉ざしてしまい、講師と受講者の間に深い溝ができてしまうことです。如何にして最後まで耳を傾けてもらえるか。できれば心に訴えかけて、さらには行動変容にまでつなげていきたい。試行錯誤した結果が、人口動態の話からスタートする方法だったのです。

　時は流れて2023年。

　総務省より発表された最新データによれば、2022年12月1日時点の総人口（確定値）は1億2,486万1千人。労働の担い手となる15〜64歳の「生産年齢人口」は7,420万2千人、総人口に占める割合は59.4％。また少子高齢化も加速しており、65歳以上の高齢者は3,620万9千人、総人口に占める割合は29.0％です。

　ここには、1名の高齢者を2名の生産年齢人口で支える現実があります。40年以上昔、小学校の教科書では、アラジンの魔法のランプに出てくる絨毯のようなものの上に座った高齢者を多くの大人が支えている絵を見た記憶がありますが、現状は騎馬戦どころか2人で1人を背負う肩車の時代がまもなくやってくる、それが日本の現実なのです。

日本の人口の推移

日本の人口は近年減少局面を迎えている。2065年には総人口が9,000万人を割り込み、高齢化率は38%台の水準になると推計されている。

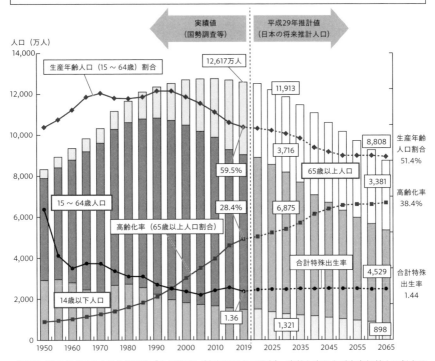

（出所）2019年までの人口は総務省「人口推計」（各年10月1日現在）、高齢化率および生産年齢人口割合は、2019年は総務省「人口推計」、それ以外は総務省「国勢調査」
2019年までの合計特殊出生率は厚生労働省「人口動態統計」、2020年以降は国立社会保障・人口問題研究所「日本の将来推計人口（平成29年推計）：出生中位・死亡中位推計」

厚生労働省「日本の人口の推移」をもとに作成
https://www.mhlw.go.jp/content/000826227.pdf

2015年当時と2023年現在と

　2015年当時の役員トレーニングに際して、「生き残りをかけた経営戦略『ダイバーシティマネジメント』〜切迫感を持ってダイバーシティマネジメントを展開するために」という文章を書いていました。その一部を抜粋します。当時と今と何がどう変わったか、また変わっていないか、ある意味懐かしんで読んでいただければと思います。

＊＊＊

　日本の人口減少は、もう待ったなしの状況です。過去の成功体験の記憶を持つ世代がまだまだボリュームゾーンでいる以上、なかなか切迫感をもてない可能性がありますが、この事実に気づいて先手を打たねば生き残れない、日本の会社は今、崖っぷちの状況にあるといっても過言ではありません。

　終身雇用を前提として長時間労働を是としていた時代は終わりを告げようとしています。急激な環境変化の中、多様なものの見方、考え方で柔軟に対処していく必要があるのです。

　それ故、**多様性を受容し、多様性を活かした働き方を取り入れていくことは、企業の生き残り戦略そのもの**といってもいいでしょう。皆さまの会社では、多様な働き方をサポートする体制が整っているでしょうか？

　「2030」（にいまるさんまる）。これは「2020年に指導的地位に占める女性の割合を30％にする」という政府目標です。指導的地位にある女性を今年は何とか登用・採用できたとしても、2020年までに30％を達成するだけの人材は社内に育っていますか？　もし社外から招聘するならば、そもそも適任者が少ないわけですから、調達コストは今後ますます高騰するでしょう。ヘッドハンティング合戦になるはずです。

いったん採用できたとしても、あっという間に引き抜かれてしまうかもしれません。このような状況で「2030」は達成できますか？　2020年まで、あと5年しかないのです。皆さんは、御社の30年後の人口ピラミッドを想像できますか？

　この危機を脱する術のすべては**トップの本気度**にかかっています。今ここにいる人材が**それぞれの能力を発揮できるような環境を整備**できるかどうか、つまりわが社のもつ**人材多様性を活かし、組織の強みに変える**ことができるかどうか、御社はこの危機を乗り越える準備ができているでしょうか？

　平成27年6月30日に閣議決定された「日本再興戦略　改訂2015」において、重点分野として、コーポレートガバナンスの強化が掲げられ、これを官民あげて実行するうえでの規範として、「コーポレートガバナンス・コード（CGコード）」が定められました。

　CGコードでは、ダイバーシティの推進や取締役・監査役のトレーニングなどが盛り込まれています。

　また、経済産業省の選定する「ダイバーシティ経営企業100選」において、さらに昨今海外機関投資家から注目を浴びているSRI（社会的責任投資 Socially Responsible Investment）においても、ダイバーシティの推進は企業が持続的成長をするための必要不可欠な経営戦略として位置付けられています。

　それ故、経営層自らが自身のトレーニングに取り組み、ダイバーシティ推進について認識を共有し、施策を実行することは時代の要請といっても過言ではないでしょう。

　ダイバーシティは福利厚生ではありません。人口オーナス期を迎え、世界で類を見ないスピードで少子高齢化時代に突入した日本において、企業の生き残りをかけた経営戦略そのものです。このダイバーシティ推進に本気で取り組むには、経営層の強い思い・想いがあってこそ初めて、全社の取り組みとして認識されるのです。社員への浸透にはまず経営層

の足並みを揃えることが先決であると考えます。

　今後、生き残り戦略として本気でダイバーシティに取り組むためには、

①経営層の強いコミットメント
②ダイバーシティ対象者を部下にもつ管理職のサポート
③ダイバーシティ対象者の本音を活かしたキャリア支援

　これらに三位一体として取り組み、相乗効果を生んでこそ、組織としての活性化が図られると実感しています。だからこそCGコードに多様性の受容が語られているのです。

もったいない！

　そうです。目の前にいる人材を活かさないなんてもったいない。

　「diversity」の語源は「異なる別々の（di-）方向を向いている（verse）こと（-ity）」です。これを組織マネジメントや人事の観点で語るならば、**国籍、性別、年齢などで区別することなくさまざまな人材を登用し、多様な働き方を受容していこうとする考え方**のことです。

　さらに、**多様な人材がその実力を最大限発揮することができ、正当な評価を受けることができる組織風土の醸成**、すなわち**環境整備**を目指すものです。

　かつての米国企業において、女性や多様な人種の積極的な採用や差別のない処遇を目指して広がった考え方ではありますが、日本においてもダイバーシティマネジメントという概念が浸透してきました。

　この概念の根幹は、**人材という資源の有効活用**。無駄にするなんてもったいないということですよね。

　世の中はざっくり分けるならば、男性と女性が半々います。にもかかわらず、新卒の男性だけを年功序列の終身雇用で囲い込むということは、世の中に存在する残る半分の人材を無駄にしていることになります。

　もしかしたら、半分以上かもしれませんね。新卒には4年生大学卒業という意味が「暗に」込められていたりしますから、4年生大学卒業以外の大学院卒、高卒、中卒、留学して留年経験のある人や、ましてや中途採用などは範疇外だったりもします。

　「暗に」。これは後ほどお話しする「暗黙知」のことです。

　しかも「日本人だけ」だったりも、します。労働市場の流動性もまだまだ低く、中途採用も少ないです。とするならば、「**同質性**」にますますの拍車がかかっていくでしょう。

大量生産・大量消費の時代、すなわち経済がどんどん成長している時代であれば、「同質性」は武器になります。皆で同じ目標（ゴール）に向かって、全速力で走っていけばいいからです。わき目もふらずに文句も言わずに、まっすぐとゴールに向かっていく方が品質も保たれるし、効率性や生産性も高くなります。

　しかし、現在はどうでしょう。2020年初頭からコロナ禍となり、世の中そのものが大きく変わってしまいました。この激変を数年前の私たちは予見できていたでしょうか？

　できませんよね。誰も将来を正確に予測することはできません。加えて今の時代、ものすごいスピードで世の中が変わっていきます。

　とするならば、**組織の中にいろいろなものの見方・考え方があった方が、その集団の持続可能性が高まります**。生命が生存確率を上げるために、自らのクローンではなく雄と雌の交わりによって、自分でもパートナーでもない別の個体を残すように、です。

　同質的な集団では、同じようなものの見方・考え方しかできません。**「あうん」の呼吸、以心伝心は一体感もあり、心理的安全性も高く心地よいかも**しれませんが、リスクに対処するにはあまりにも脆弱で不安です。

　ものの見方・考え方は人それぞれ異なっています。だからこそ変化やリスクや事象の差異に気がつくことができます。同質的な集団では見えなかったリスクに気がつくということは、リスク感応度が高まり変化への適応性が高まっていることを意味するでしょう。

　すなわち「多様性」のメリットは、同質的な集団では気がつくことができなかったことに気がつける、すなわち、**リスク感応度が高まって、変化への適応能力が高まる**ことなのです。

多様な視点がリスク感応度を高めます。

　多様性を組織の化学反応として楽しむことができるでしょうか。

　人はどうしても同質的であることを心地よく感じてしまいます。本能としてのコンフォートゾーン、すなわちストレスや不安のない快適な空間なのです。「**同質性のグラビティ（引力）**」と表現したりもします。

　あえて、そのコンフォートゾーンから飛び出すことができるかどうか。あなたの所属している組織ではいかがでしょうか。

ママ会計士のひとりとして

　私は働くママ会計士のはしりです。

　四半世紀ほど前、業界にも職場（監査法人）にも「働くママ会計士」はほとんどおらず、「普通」と異なるキャリア、パンダのように珍しい存在を受け容れるための、組織の仕組みも風土もありませんでした。

　それ故、私は組織にとって多数派ではない女性が働くことに伴うさまざまな課題について強い関心があります。働くことは生きることそのものであり、本来、性差は関係なく、機会平等であるはずだからです。

　現実にはアンコンシャス・バイアス（無意識の偏見）という見えない壁があったり、ボーイズ・クラブに入れなくて疎外感を感じたり、グラスシーリングに心を痛めたりもします。

　また脳の仕組みを知らないために「私なんて」という詐欺師症候群にとらわれて、心が折れたり、チャレンジすらせずに無意識にあきらめたりすることもあるでしょう。

　多様な価値観があると認識すること、また価値観の違いを受け容れることは、組織を強くするための要です。

　目の前にいる人材を活かさないなんて、もったいない！

　一人ひとりが働くことの意味と自分の役割を考えることができるならば、組織はもっとずっと元気になれるはずです。

2つの多様性

属性の多様性

CGコード原則2－4では、従前より「**女性の活躍促進を含む社内の多様性の確保**」が求められています。

「女性の活躍促進」という言葉自体が、男性目線のアンコンシャス・バイアスがかかった言葉でありますから、微妙に違和感のあるところではありますが、「女性」にスポットライトが当たったという意味では前向きに捉えるべきなのでしょう。

ただ、女性をひとくくりに考えて、女性がいれば多様性が満たされると考えるのは尚早です。

女性であっても、新卒一括採用、終身雇用、年功序列のエスカレーターに乗り、紆余曲折あったとしても同じ組織に20年も30年もいたならば、立派にその組織の一員として、「染まって」しまっているのではないでしょうか。多数派の男性と同じようなものの見方・考え方、価値観をもつようになり、多様性を失ってしまっているのです。

もちろん男性社会で生き残っていくためのさまざまな苦労はあったにせよ、いわゆる名誉男性、女性の仮面を被った中身は昭和世代という可能性もあるわけです。これでは意思決定の多様性は期待できません。形式的に女性を1人参加させても、多様な視点がもたらされない可能性があるのです。

つまり、ジェンダーや国籍、年齢、信条や宗教などは「属性」であって、属性の多様性だけでは、必ずしも組織の意思決定に有用な多様性がもたらされているとは限らないのです。

キャリアの多様性

　多様性として、より大切な側面は**「キャリア」の多様性**ではないでしょうか。「career」とは、積み重ねてきた経験、経歴のこと、すなわち、その人がどのような人生を歩んできたかということです。働き方や人生観など価値観の相違、つまりどのように生きてきたか、どのように生きていきたいのかという生き様そのものを含んだ概念です。

　キャリアが異なれば、知識や経験、能力、スキルが異なるわけですから、違った視点で物事を見て考えることができるのです。これは女性だからできるのではなくて、いわゆる男性中心のビジネス界において、違った経験が活かされているのです。今まで経験してきたこと、もっている知識や能力、キャリアが異なり人生そのものが異なるわけですから、当然ながら有する価値観も異なり、違った視点で物事を見ることができるのです。

　人はそれぞれ「個性」があり、誰ひとりとして同じ人間はいません。その当たり前の「個性」の違いを活かしていけるかどうか。だからこそ、ダイバーシティは経営戦略そのものだといわれる所以です。

　ちなみに、属性が異なれば育った環境や受けてきた教育、求められる社会的役割などが変わり、経験やキャリアが異なってくる側面もあるでしょう。

　このようにCGコード2021年改訂において、ジェンダーや国際性に加えて、中途採用者に言及がなされたことは画期的なことです（補充原則2－4①）。その組織に新卒採用された人材とは異なるキャリアを背負っている中途採用者を中核人材として活かすことができれば、同質であるが故に閉塞的になってしまっている組織に風穴を開けることができるからです。

　日本は大卒男子、新卒一括採用、終身雇用の年功序列社会ですから、中途採用者にスポットライトが当たったということは、キャリアの多様性に陽が当たったことに他なりません。

【原則2－4．女性の活躍促進を含む社内の多様性の確保】

　上場会社は、社内に異なる経験・技能・属性を反映した多様な視点や価値観が存在することは、会社の持続的な成長を確保する上での強みとなり得る、との認識に立ち、社内における女性の活躍促進を含む多様性の確保を推進すべきである。

補充原則2－4①

　上場会社は、女性・外国人・中途採用者の管理職への登用等、中核人材の登用等における多様性の確保についての考え方と自主的かつ測定可能な目標を示すとともに、その状況を開示すべきである。

　また、中長期的な企業価値の向上に向けた人材戦略の重要性に鑑み、多様性の確保に向けた人材育成方針と社内環境整備方針をその実施状況と併せて開示すべきである。

出所：東京証券取引所「コーポレートガバナンス・コード（2021年6月版）」

でも、多様性を受け容れるのは大変なこと

「多様性」は面倒くさい

しかし一方で、「多様性」は面倒くさいです。組織にとっても苦しくてつらいものなのです。

なぜでしょうか。まず、組織にとっての苦しさを考えてみましょう。

組織にとって「多様性」とは、「あうん」の呼吸ができないことを意味します。例えば、組織として具体的に、職場で一緒に仕事をするためのチームを考えてみましょう。

似通った、同じような考え方をするメンバーだけが集まっていたとします。何か物事を決めるときには、もちろん「あうん」の呼吸で決まりますよね。細かいことをいちいち説明する必要はありません。なぜなら、「普通こうするよね」「今まではこうしてきたよね」という共通認識があるからです。

この共通の価値観を醸成するために、旧来の日本社会では、日本人男性の新卒一括採用、終身雇用の年功序列制度を採用しました。同じ集団で同じ研修や指導を受け、同じようにふるまうことを求められます。いわゆる「**同調圧力**」です。

同質的な集団では、強固な同調圧力が働きますから、耐えられない人は弾き出されます。そしてますます、同質的なものの見方・考え方をする組織風土が育まれていくのです。

さてそこに、異なるバックグラウンドをもった人が1人入ってきたとします。仮にAさんとしましょう。集団にとっては、異物の登場ですね。

Aさんは「普通こうするよね」の「普通」がわかりません。ですので、何

をするにもいちいち周囲に聞かないとわかりません。

「これは、どうすればいいですか？」

「どうして、このように考えるのですか？」

「こうした方が、より良いのではないですか？」

「それは間違っていませんか？」などなど。

　Ａさんの逐一の質問はうるさいです。煩わしいです。おかげでちっとも仕事が捗りません。皆が「普通に」知っていることを知らないし、できればそっと蓋をしておきたいことにも首を突っ込んできて、「ああだ、こうだ」と白日の下に晒します。

　チームメンバーは次第に、Ａさんを避けるようになる、避けたくなってくるのではないでしょうか？

｜「多様性」は人を不安にさせる

　さて逆に、マイノリティであるＡさんはどのように感じているのでしょうか。

　皆がわかっていることが自分にはわかりません。いちいち尋ねないと事が進みません。いわゆるKY、つまり空気が読めない人間であれば、チームメンバーの微妙な雰囲気も気にせずに、どんどん質問できるでしょう。

　でも大概は、何となく言い出しにくい、聞きにくい。そもそも誰に聞いたらいいのかもわからないけれど、できるだけ話を聞いてくれそうな人にそっと尋ねるようにしようなど、相当気を遣ってしまうのではないでしょうか。

　Ａさんのような状況、会社であれば中途採用者が該当しますよね。学校でいえば転校生の立場です。日本は各自の職務分掌が明確ではないので、誰が何をどこまですればいいのかが不明瞭な中、Ａさんは和をかき乱すような発言や行動を、結果として意図せずにしてしまうことになります。

Aさんもあまり気分のいいものではありません。話を聞いてもらえれば、そしてその意図を汲み取ってもらえれば、Aさんにとってはありがたいですが、一方、チームとしては「今までどおり」の既定路線ではなくなるので、その意思決定に不安が募ります。Aさんの提案を受け容れることで、結果として良い方向へ進むかもしれませんが、チームワークが乱れた結果、あらぬ方向へ向かってしまうこともあるでしょう。不安ですし、居心地も悪いです。

　そう、**同質性を求めるのは本能**です。できれば今までどおり、何も考えずに進みたいと**無意識**に思っているのです。

　理由は簡単。ラクだからです。人の脳は、放っておくとラクな方へラクな方へと流れてしまうものなのです。

┃ それでも多様性を受け容れることが大切なのは、なぜ？

　多様性を受け容れることが大切なのは、ズバリ、**意思決定の精度を上げるため**です。

　同じような人が集まっていたら、新しいアイデアは生まれません。金太郎飴はどこを切っても金太郎飴なのですよね。

　異なる視点、異なる価値観、異なるものの見方・考え方は、新たな問題提起を生じさせます。問題提起に対しては説明しなくてはなりません。言語化し、相手にわかるように説明することによって、自分たちがなぜそのように考えるのかが明らかになり、その結果として見落としていたリスクなどに気がつくことができるのです。

　大変に面倒くさいです。これを、組織が受け容れることができるかどうか。

　現在は荒れ狂う嵐の中、航海をしているようなもの。ガバナンスとは決死の覚悟で船の舵取りをしているようなものです。そのときに同じような考え方だけではリスクを回避できませんし、そもそもリスクに気がつくことすら

できません。経験値が多様でないと、予測も見誤ってしまうでしょうし、そもそも見逃してしまうのです。

会社の意思決定主体であるボード（取締役会）が多様性を受容することができるかが、組織の生き残りをかけた分岐点になるといえるでしょう。

「ボード・ダイバーシティの重要性」が叫ばれるのはそのためです。組織は生き残りをかけて、ダイバーシティに取り組まなくてはなりません。

> Comment
>
> ダイバーシティは経営戦略そのもの、経営の本丸です。

ダイバーシティとイノベーション

「多様性によってイノベーションが生まれる」という主張があります。これは執行側、オペレーションの観点と考えると納得がいくのではないかと思います。

例えば私の所属する公認会計士協会での数年前の出来事をあげてみましょう。公認会計士協会には会員章があります。会社でいえば社章に当たるものですね。この会員章はご多分に漏れず、男性の背広での着用を前提としたピンバッジタイプでした。

そこに、クリップ式が導入されたのです。これは女性からしてみたら、非常にシンプルな提案でした。

「会則上、バッジを着けなくてはいけないことは理解しています。でも、このバッジは男性の背広での着用を前提としていて、女性は場合によっては服に無理やり穴を開けなくてはなりません。もし別の形状、例えばクリップ式やマグネット式にして、服を傷めることなく装着できるように工夫ができないでしょうか？」

この提案は、多くの女性公認会計士たちの賛同が得られました。男性の背広にはもともと社章等をつけるための穴が開いていますが、女性の服装は形状も素材もさまざま、社章等を装着するための穴が開いているタイプばかりではありません。特に素材によっては、バッジの重さに耐えられないばかりか、無理に開けてしまった穴のために、服を完全に傷めてしまうこともあります。そもそも、女性はジャケットを必ず着るわけでもなく、ワンピースということもありますよね。

　公認会計士業界では、会員の８割が男性、女性はまだまだ少数派です。その男性目線では当たり前だったことに対し、シンプルな疑問を投げかけることによって、今まで思いもよらなかったことに気づき、より良い状況が生み出される、これこそ多様な視点が生み出すイノベーションの一例です。

> **Comment**
>
> 　ボード・ダイバーシティ（取締役会における多様性）（193ページ COLUMN⑱参照）はリスク感応度を高め、意思決定の精度を上げます。一方、執行におけるダイバーシティはイノベーションを生み出します。

認知は無意識に歪んでいる

「無自覚」を自覚するには

　私たちの脳は、実に要領よく情報処理しています（188ページCOLUMN⑰参照）。だからこそ、十分に気をつけなくてはいけないことがあります。

　それは「無意識に思い込んでいる、そのように考えている」ことがあるのではないか？　ということです。これが「**アンコンシャス・バイアス**」の正体です。すなわち、アンコンシャス・バイアスとは**認知の無意識な歪み**のことをいいます。

　10数年ほど前、私が役員トレーニングを始めた頃には、「アンコンシャス・バイアス」という言葉は市民権を得ていませんでした。

　「私たちは自分の経験をもとに、自分の視点で物事を見ている」

　このことを、どのようにしたら理解していただけるでしょう。手を変え品を変え、如何に説明するかということに心を砕きました。

　価値観、ものの見方・考え方は人それぞれであり、皆、それぞれの色眼鏡をかけているのです。決して悪い意味ではありません。どこで生まれ、育ち、キャリアを積んできたのか、**個性そのもの**といってもいいでしょう。

　でもそれが、「自分バイアス」「自分スタンダード」になっていることに気づく必要があるのです。

　「誰でも皆、色眼鏡をかけている」「無自覚を自覚する」「無意識を意識す

る」「無意識を自覚する」「自分が無自覚であることに気づく努力をする」等々。当時の講義メモを見返すと、どのような言葉が受講者に受け容れられやすいか試行錯誤していた形跡が残っています。無意識を意識すること、自覚することは本当に難しいです。

なぜ、この「無意識を自覚すること」に、それほどまでにこだわったのか。

答えは明白、この**アンコンシャス・バイアスこそが、多様性を受け容れる組織風土を醸成するうえでの障壁となる概念**だからです。

人は誰でも、もちろん私も、色眼鏡をかけて、その人の視点で物事を見たり、その人の価値観で物事を判断したりしています。脳は要領のいい怠けものですから、**意識する以前に「無意識の段階で」物事を決めつけてしまっている**ことがたくさんあるのです。

例えば、あなたの性別は男性で、数名の部下をもつ上司というポジションにいると仮定します。あなたの部下には1人だけ女性がいて、彼女がリーダーシップをとってチームをまとめ何か仕事を成し遂げたとき、「君は女性なのにすごいね！」と褒めたりしていないでしょうか？

「女性」「なのに」「すごい」

さあ、これらの言葉にはどのような意味がこめられているのでしょうか。

女性＝このような大層な仕事はできないはず＝成し遂げたあなたは「男性と同じくらい」偉い？

あなたは、「素晴らしい」と彼女を賞賛したつもりかもしれません。でもこのような声かけは、男性の上から目線だということにお気づきになるでしょうか。

また、「子育て中の女性は大変だから、簡単な仕事を与えることにしよう」はいかがでしょう。

「女性活躍」という言葉に、違和感はありませんか？

「男性らしさ、女性らしさ」とは何でしょうか？

そもそも**ジェンダーはグラデーション**です。**個性そのもの**なのです。にもかかわらず、無意識のうちに「男っぽい女性」とか「女々しい男だ」というような感情をもっていないでしょうか。これこそがアンコンシャスなジェンダーバイアスなのです。

　無自覚を自覚することによって、自らの認知・認識の歪みに気がつくことができます。無用で悪気のないパワハラ発言からも解放されるかもしれません。

｜ 省エネモードの脳を意識する

　それでは、どうしたらよいでしょう？

　脳はすぐに省エネモードになって、パターン認識をし、アンコンシャス・バイアスを発動してしまいます。同質性に愛着を感じるのは脳の仕組みであり、我々の本能なのです。

　無意識を自覚すること、自らのアンコンシャス・バイアスに気がつくことは大変に難しいです。ですから、意見でもアイデアでも何かを頭に思い浮かべたときに、言葉に出す前にひと呼吸、「これでいいの？」と立ち止まって自問自答することにより、要領よく作業をしている脳にもう一度考えさせる、これがアンコンシャス・バイアスを克服する第一歩なのではないでしょうか。

　特に大切な意思決定（例えば採用・登用・昇進の判断、機会の提供など）のときこそ、アンコンシャス・バイアスがあることを意識する、また日々のコミュニケーションの頻度や内容に偏りがないかを改めて考えてみる、本当にそうなのか直接当事者に聞いてみる、事実に当たるなど、自らの脳を叱咤激励することが必要であると考えています。

脳は要領のいい怠けもの

役員トレーニングで時々、受講者に語りかけます。

「ちょっと目をつぶってもらえますか？

さあ、目の前に座っている人のネクタイの色を思い出せますか？」

私の役員トレーニングでは5～6名でグループになって座っているので、目の前（場合によっては斜め前）に人がいます。役員同士見知った仲ですから、講義前や休憩時間に話をしていたりもします。

でも、ネクタイの色を改めて問われると、なかなか答えられないものなのですよね。そうです、目は見たいものだけを見て、耳は聞きたいものだけを聞いています。その指図をしているのが脳なのですね。

目も耳も、情報の洪水の中から見たいものだけを見たり、聞きたい音だけを拾ったりと、上手に取捨選択しているのです。脳科学が発達し、この10年だけでもいろいろなことがわかってきているようです。いわゆる発達障害の場合は、すべての情報が目に入ってきて取捨選択できない状態、すべての音が耳に飛び込んできて区別できない状態だといいます。

また「顔パレイドリア」という現象があります。これはヒトの顔でないものを、あたかもヒトの顔であるかのように認識しまう心理現象のことです。

脳は普段からよく知ったパターンをもとに現実を認識しています。そのために本来存在しないにもかかわらず、そのパターン認識、ヒトの顔であれば主に2つの目と口とがつくる三角形をもとに認識しているそうなのですが、それによって、ヒトの顔でないものも、あたかもヒトの顔であるかのように見えてしまうのです。

脳はある意味、要領のいい怠けものです。必要な情報だけを取り入れるように、また過去の経験から得たパターン認識を最大限活用しながら「無意識に」見たり聞いたり、思ったり感じたりすることができるので

す。

　身体的に目では見ており、情報として脳には入ってきているけれども、「認識せずにスルーする」、よって「見えていない」。結局は見たいものしか見ていないし、全体的に何となく瞬時に理解することに長けている。

　人間の脳は、非常にうまくできているのですね。

あなたも私も、独自の色眼鏡をかけている

自分のものの見方の癖を知る

このようなバイアスは、もちろん私にもあります。あるからこそ、気づこうと努力する必要があるのです。

先日おもしろいクイズに出会いました。私の友人が研究している「アンコンシャスな処理をする脳の仕組み」についてのクイズです。

来月から新しい同僚が来るということで、写真を見せられます。一般的には好感のもたれそうな、爽やかで穏やかそうに見える中堅の日本人男性の写真です。ほっとしている自分がいることに気がつきます。

しかし、その直後に、「写真を間違えました。来月からご一緒する新しい同僚の写真はこちらでした」と別の写真を見せられます。

私はこのとき瞬時に、つまり「無意識に」、次の写真は見た目の冴えない、どちらかというと不潔っぽい男性の写真だろうと思ったのです。

しかし私の意に反して、次の写真は黒人男性、さらに日本人女性の写真でした。これは何を意味しているのでしょうか？

ここからは友人のクイズからそれてしまうのですが、私がこのクイズを通じて理解したことは3つあります。

①私の多様性に対する違和感、抵抗感のレイヤーは、ある意味「細かい」ということ

すなわち、同じ日本人男性であっても、いわゆる「ルッキズム」、どのように見える人かによって、自分の感度が異なるということ。

②私の多様性に関する世界観が、ある意味「狭い」ということ

　すなわち、外国人やジェンダーの相違という点にまで頭が回らずに、同じ日本人男性の中で細分類しているに過ぎず、思考に広がりがないこと。

③そのレイヤーの細かさや思考の閉鎖性が、私のアンコンシャス・バイアスのひとつの特徴になっている可能性があること

　このようなちょっとしたクイズを通じても、自分の認知・認識の特徴を掴むことができるのだなと感じた経験でした。

▍見えてはいるはずだけど認識することができない、自分の本心

　日本は島国ですから、同質性が非常に強い国だと思います。特に旧来は、男性の新卒一括採用、終身雇用、年功序列の企業が多かったですから、同調圧力が余計に強く作動します。

　本来、男性だって「男性」というだけで一括りにすることは望ましくありません。とはいえ、高度経済成長時代は同質的で粒揃いの社員が一丸となって品質を高め、効率よく大量生産に励む形が、時代にマッチしていたわけですから、一概に批判もできないでしょう。

　ただ、このような組織は非常に大きなリスクを内包しています。新入社員や中途採用者など、その組織に新しく入ってきた人々が「あれ？　これはおかしくないか？」と気がついて、勇気を奮って口に出したとしても、「今までずっとこうしてきた」「この程度なら、まぁいいじゃないか」「空気を読め」という同調圧力によって、口をふさがれてしまうのです。

　これは日本型不祥事の典型例です。とんでもない悪人が知恵を絞って悪さをするわけではなく、**閉ざされた風土の中、現場の工夫によって不祥事が生み出されて**しまいます。もはや風土そのものが育まれているのですから、真犯人を見つけることはできません。

自分は本当のところどうすべきなのか。

物事の本質はどこにあるのか。

世間の常識とずれていないか。

そのようなちょっとした問いかけができれば、自分の本心に気づいたり、物事の本質を見極めたりすることができるはずです。**違和感を放置しないこと**、ついつい**無意識のうちに埋もれてしまうさまざまな感覚に向き合うこと**、そしてそれを**言語化していく**努力こそが、不確実性の時代においてリスク感応度を高めていくために必要なのだと思います。

人にはそれぞれ大切にしている価値観があります。その人独特のものの見方・考え方をしています。皆それぞれの色眼鏡をかけているといってもいいかもしれません。

またその価値観には、「アンコンシャス（無意識、無自覚）」なものもあり、時には「バイアス（偏り）」がかかっていたりもします。

色眼鏡は、その人の歩んできたキャリアや育ってきた環境にも大きく依存しています。アンコンシャス・バイアスは決して悪いことではありません。ものの見方・考え方が人それぞれ異なるというだけであり、誰もがもっている色眼鏡なのです。

ただその色眼鏡の存在は、積極的に意識を向けないと気づくことができません。特に、同質的な組織に馴染みすぎてしまうと、自分たちと異なる価値観を受け容れがたく、リスクに対する感受性が鈍化してしまうおそれがあるのです。

無自覚だからこそ、気づこう、意識しようと努力すること。

そして**互いの色眼鏡が異なることを理解し、尊重し合う**こと。

同質であることは心地よいですが、そのコンフォートゾーンから抜け出して、異質なものにまずは目を向ける勇気をもつことがスタートなのかもしれません。

ボード・ダイバーシティ（取締役会における多様性）

　取締役会に多様性が求められるのは、**意思決定の精度・確度を上げるため**です。

　取締役会における意思決定は会社の将来を決しますから、その方向性を誤れば、会社の未来に重大なダメージを及ぼしかねません。しかし、取締役が単一で同質的な集団に属した、似たような考え方をする人ばかり、しかも自分たちのバイアスに気づいていなかったとしたら、どうでしょう。意思決定を誤る可能性も高くなり、非常に危険ですね。

　バイアスがあること自体は問題ではありません。なぜなら、バイアスは個性そのものだからです。その一方で、役員トレーニングでは「皆さんの組織は金太郎飴（同質的な集団）になっていませんか？」という問いかけをします。**異なる意見が出ているか、異なる意見が出されたときに、それを受け容れて咀嚼するしなやかさをもっているかどうか**を問うのです。

　アンコンシャス・バイアスはその名の通り、無意識のバイアスですから、自らのバイアスに気づくことは並大抵のことではありません。そのために、そのバイアスを指摘できるような異なるバックグラウンドの人たちを集団に迎え入れること、すなわち集団の多様性を高めていく努力が不可欠なのです。

　これが、ボード・ダイバーシティが重要であると叫ばれる所以です。

　同質的なメンバーでは疑問に感じないことも、異質なメンバーにとっては不思議に感じること、違和感を覚えることも多々あるものです。この多様性によって**組織のリスク感応度を高め、よりしなやかで強靭な組織を形成していく**のです。

　2018年のCGコード改訂では「ジェンダーや国際性」という多様性、

さらに2021年改訂では「職歴、年齢」の多様性が加わりました。

　会社の経営判断を司る重要な機関である取締役会において、各取締役の知識や経験、能力などのバランスがとれていれば、活発な議論がなされ、実効性のある取締役会の運営となるでしょう。変化の激しい時代であるからこそ、多様性が必須なのです。性別や国籍、年齢などの属性は外部からもわかりやすいですが、**知識や経験、能力、バックグラウンド、キャリア**等については、外部からは見えにくいですよね。

　それ故に、

①当社にとってどのような知識や経験、能力が必要なのか
②それを満たす取締役がいるのか

　を開示する情報が「**スキル・マトリクス**」です。

　御社には、さまざまな多様性が確保されるような環境が整っているでしょうか。

【原則4−11 取締役会・監査役会の実効性確保のための前提条件】

　取締役会は、その役割・責務を実効的に果たすための知識・経験・能力を全体としてバランス良く備え、ジェンダーや国際性、職歴、年齢の面を含む多様性と適正規模を両立させる形で構成されるべきである。また、監査役には、適切な経験・能力及び必要な財務・会計・法務に関する知識を有する者が選任されるべきであり、特に、財務・会計に関する十分な知見を有している者が1名以上選任されるべきである。取締役会は、取締役会全体としての実効性に関する分析・評価を行うことなどにより、その機能の向上を図るべきである。

補充原則4−11①

　取締役会は、経営戦略に照らして自らが備えるべきスキル等を特定

した上で、取締役会の全体としての知識・経験・能力のバランス、多様性及び規模に関する考え方を定め、各取締役の知識・経験・能力等を一覧化したいわゆるスキル・マトリックスをはじめ、経営環境や事業特性等に応じた適切な形で取締役の有するスキル等の組み合わせを取締役の選任に関する方針・手続と併せて開示すべきである。その際、独立社外取締役には、他社での経営経験を有する者を含めるべきである。

出所：東京証券取引所「コーポレートガバナンス・コード（2021年6月版）」

コンプライアンスとは?

| 「コンプライアンス」という言葉から受けるイメージ

　私には、この10年ほど「コンプライアンス推進研修」というテーマで、毎年お伺いしているクライアントがあります。タイトルこそ「コンプライアンス」とか「研修」とかいう名称がついていますが、実際の中身は組織風土醸成のための「対話」の時間です。

　受講者は新入社員から始まって、中堅、管理職層から役員まで、もちろん中途採用の方々向けにも開催します。対話形式ですから、例えば、正しいか否か白黒つけられる事柄の説明を私が一方的にするわけではなく、5名程度のグループ形式で受講者同士が自由に自分の考えや思うところを話しながら、自らの立ち位置やものの見方・考え方を振り返る時間になっています。

　そこで最初に私が問いかけることは、「『**コンプライアンス』という言葉から受けるイメージはどのようなものですか?**」です。

　「コンプライアンス」という言葉から、どのような言葉やイメージを連想するか。それはプラスか、もしくはマイナスか。

　単なる連想ゲームのようですが、この問いかけに対する答えはその時々の会社の状態、言い換えれば、会社が置かれている環境や、その影響を強く受けている組織風土そのものを表現していると感じます。

マイナスイメージばかりではない

　そもそも「compliance」とは「comply with the law」（法令に従いなさいの意）の名詞形です。2000年初頭にアメリカで起きたエンロン事件、ワールドコム事件などの企業不祥事発生に端を発した法令整備と強化（※）の流れの中で、「コンプライアンス」という言葉自体が市民権を得ていったように感じます。そういう意味では、日本に「コンプライアンス」という言葉が入ってきて、まだ20年と少しなのですね。

日本における法令整備と強化の流れ

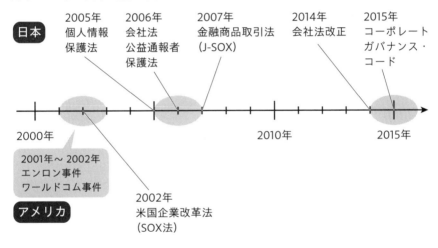

※「会社法」（内部統制の体制構築方針の義務化）、「金融商品取引法」（J-SOX・財務に関する内部統制報告書提出の義務化など）等整備が進みました。その目的は、内部統制を強化し、株主の利益を経営者の専断から守るというものです。2014年には会社法が改正され、コーポレートガバナンスに焦点が当たり、社外取締役の機能や監査役の権限が強化されました。

もともとが「法令遵守（ほうれいじゅんしゅ）」という意味ですし、「コンプライアンス違反」という言葉もありますから、例えば「違反」から「不祥事」をイメージしたり、「堅苦しい」「窮屈」「制約」「ルールを守らされる」といったような、ネガティブイメージをもっている人もいます。

　その一方で非常に興味深いことは、「決めごと、決まりごとではあるけれど、それらを守ることで自らが守られる」とか、「迷ったときに立ち返る判断の拠り所」「道しるべ」「正しさ」「守るべきもの」というように、どちらかというとプラスの印象をもち、プラスに表現しようとする人もいたりするのです。

　多くの受講者に「コンプライアンス」のイメージを聞いていますが、先ほど申し上げたように、たとえ同じ組織であっても、例えば不祥事があって組織が不安に駆られギクシャクしているときには、マイナスの表現が増える傾向があります。その一方で、経営理念がしっかりと組み立てられ、トップの思い・想いが組織に浸透しているようなときには、プラスの表現が相対的に増える傾向があるのです。

エンロン事件の教訓

　エンロン社の会計不正事件に端を発して、多くの公開会社で発覚した会計不正問題を解決するために、2002年、サーベンス・オクスリー法（通称SOX法）が制定されました。

　エンロン社（Enron Corporation）は、アメリカ合衆国テキサス州ヒューストンに本拠地を置き、総合エネルギー取引とITビジネスを行なう企業でした。2000年度は全米売上第7位、2001年には21,000名ほどの社員を抱える大企業。ITバブルの波に乗り、革新的でなおかつ安定した成長を続ける超優良企業……のはずでした。

　ところが、2001年10月。ウォールストリート・ジャーナルがエンロン社の不正会計疑惑を報じたことに端を発し、あっという間に株価が急落、2カ月後には破綻に追い込まれてしまいました。

　破綻時の負債総額については諸説ありますが、少なくとも160億ドル（2001年の平均為替レートが1ドル約121円ですから、日本円にすると2兆円近く！）を超えるといわれています。

　エンロン社に投資をしていた投資家、自社株を401Kに組み込んでいた従業員、取引先など、多くのステークホルダーが巨額の資産を失い、また損失を抱え込むことになりました。

　このような時代の流れに沿って、わが国においても2007年に金融商品取引法が施行され、上場会社については内部統制報告制度が導入されました。

　ここでいう内部統制とは、**①業務の有効性及び効率性**、**②財務報告の信頼性**、**③事業活動に関わる法令等の遵守**、ならびに**④資産の保全**という4つの目的が達成されているとの合理的な保証を得るために、業務に組み込まれ、組織内のすべての者によって遂行されるプロセスのことをいいます。

そして内部統制は、**①統制環境、②リスク評価、③統制活動、④情報と伝達、⑤モニタリング、⑥ITへの対応**という6つの基本的要素から構成されています。

　経営者自らが内部統制を構築し、その整備・運用状況について監査人の監査を受けるのです。これはアメリカのSOX法に習い、「日本」という意味の「J」をつけて「**J-SOX**」と呼ばれています。

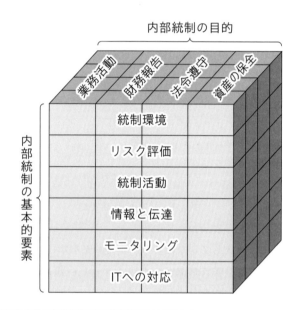

「暗黙知」に気づけるか?

「the law」には2つの意味がある 〜「形式知」と「暗黙知」

ところで、「comply with the law」の「the law」には2つの意味があります。ひとつは「文字に書かれた」、つまり「明文化された規則やルール」という意味です。これを「**形式知**」といいます。

例えば就業規則には始業や終業の時刻、休憩時間、休日、休暇などの労働時間に関する事項、賃金の決定やその計算及び支払い方法、支払い時期、昇給に関する事項、退職に関する事項などが定められています。これは「明文律」、つまり文字に書かれたルールです。

役員トレーニングではここで、受講者の皆さんに絵を描いていただきます。講師である私が指示したルール（有文律）に従って絵を描いてもらうのです。

実際に、読者の皆さんにも体験していただきましょう。

「丸を描いてください」

「その丸の中に、丸を3つ描いてください」

さて、いかがでしょうか。どのような絵が描けたでしょうか?

よくある絵は、このようなものです。クラスの6〜7割程度でしょうか。

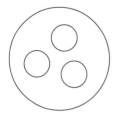

次に多いバリエーションとしては、このようなものがあります。

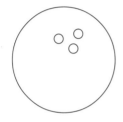

ボーリングのボールのような絵

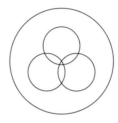

3つの円が重なった絵

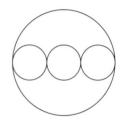

アンパンマンのような絵

その一方で、迷いなくこのように描く方もいます。

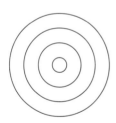

　私の発した言葉（文字）はルールです。そのルールに従って絵を描いていただいています。でも実際は、人によっていろいろなパターンの絵が描かれます。もちろん、最初に描く円の大きさも人それぞれです。
　たった30文字程度のルールであっても、ルール策定側の意図がうまく伝わらず、解釈にばらつきが生じます。なぜなら、ルール策定側がどれほど丁寧に説明しても、**文字で表現できる内容には限界がある**ために、当然ルールを

受け取った側の**「解釈」の過程で主観が入り、個人の価値観や判断基準が影響する**からです。

　その結果、「正しいか否か」の判断ですら、個人によって異なってしまいます。先の〇を描く例ですら、策定側の意図を汲み取れない、すなわち、解釈の幅が広がりすぎてルールを守れない可能性があるのです。

Comment

　私が長年携わってきているコンプライアンス研修は、その本質は組織風土醸成のコンサルティングです。すなわち、組織に属する人々の意識（無意識・潜在意識を含む）に働きかけ、気づきを促し、行動変容へつなげていくのです。

まず、気づく→理解して納得する→意識してふるまいに落とし込む→自然にできるようになる

　このステップを1歩ずつ進んでいく必要があります。スタートは気づくこと。何はともあれ、まず気づけるかどうかが勝負です。だからこそ、自らの無意識に焦点を当て、アンコンシャス・バイアスに向き合うことが重要なのです。

▍暗黙知はアンコンシャス・バイアスそのもの

「the law」にはもうひとつの意味があります。「**暗黙知**」です。

　「暗黙知」とは、文字では明示的に書かれていないけれども、その集団に属する皆が何となく従っている決まり、不文律のことをいいます。

　「**空気を読む**」という言葉がありますが、職場にはその職場独特の空気がありますし、また会社にはその会社独特のしきたりや習慣、言葉にならない雰囲気がありますよね。いわゆる社風や風土、これこそが「暗黙知」です。**「うちの会社では普通こうするよね」という共通認識**といってもいいかもしれません。

さて、明文化されたルールは非常に限定的で、根幹の部分しか表現できません。その文字で書かれたルールを「解釈」し、何を意図しているのかを「判断」する、その**「解釈」や「判断」の拠り所**が、各自の依拠する**「普通は」という感覚**だったりするわけですから、当初の文字で示されたルールが何倍にも膨らんでいくイメージがご理解いただけるでしょうか。

しかも、この「普通は」という感覚を「the law」に含んで**「comply with the law」**という言葉が使われます。とするならば、コンプライアンスとは単なる「法令遵守」ではありません。

世間・世の中の常識から外れたことをすれば、コンプライアンス違反と責められ、レピュテーション（評判）を著しく傷つけてしまいます。「法律に従っていれば大丈夫」というわけにはいかないのです。

Comment

コンプライアンスとは、世の中の期待に応え続けることです。

「普通」って何？

ところで、先ほどから使っている「普通」とは何でしょうか？

「普通は○○と考える」とか「○○は世間の常識・良識だ」とか。何気なく使っている言葉ではありますが、その裏には深い意味が潜んでいます。「普通」「常識」「良識」の正体は何なのでしょうか。

実際の役員トレーニングで受講者に「世間や世の中という言葉から連想されるのは、具体的に誰ですか？」と問いかけると、実にさまざまな発言が飛び交います。

まずは身近な人たち、社内もしくは社外で仕事の関係があり、お互いに影

響を及ぼし合う人々がいるでしょう。例えば、顧客、取引先（得意先、仕入先）や、銀行、行政監督局など。また従業員（上司、同僚）もそうですね。

　さらに少し視点を変えて、自社の株主や親会社、子会社、自社が属するグループの関係会社も該当するでしょう。さらに近隣住民や地域社会、もっと広く地球環境ともお互いに影響を及ぼし合っています。広く国民や、マスコミ、SNS、ネットニュース等にまで思いを馳せると、顔の見えない不特定多数の世論（不祥事などがあるとバッシングしてくるような）といったような存在もあるでしょう。

　一言で言えば、「**ステークホルダー（利害関係者）**」です。「世の中」「世間」という言葉はステークホルダー（利害関係者）と言い換えることができるのですね。自分（もしくは自社）を取り巻く関係者のことです。

　ただ年次の若い階層では、想定できる利害関係者が少なく、世の中の期待に応えていくためには、視野を広げるトレーニングが必要であることもわかります。さもないと、目の前の利害関係者だけしか想像できなくて、その目の前の人たちだけに有利な意思決定をしてしまうおそれがあるからです。

　また自らの本音に耳を傾け、主としてどちらのステークホルダーの方を向いているかを考えることも有効です。自らの価値観やアンコンシャス・バイアスに気づくことができるからです。

　この「世間」は立場によっても変わります。例えばIR広報担当にとっては、投資家（株主）が一番大切な関係者でしょう。もちろん時代によっても変わります。今まであまり重要ではなかった関係者が時代とともに重要になってくる、例えば昨今、地球温暖化が大切なテーマとして取り上げられるとともに、二酸化炭素排出量という観点から環境が非常に重要な要素となってきています。

　そう、**世の中の期待は時代によっても、立場によっても変わります**。それ故にコンプライアンス違反をしないように努めることは、非常に難易度が高

く、「今までどおりだから大丈夫、と思っていたら、NGだった」ということも生じうるわけです。時代の変化、環境の変化、その結果としての世の中の期待の変化に敏感でなくてはなりませんし、そのためのリスク感応度を磨いていく必要があるといえるでしょう。

　ちなみに、「普通」という言葉には「世の中の考える常識」という広い意味の他に、「自分の属する狭い集団の中の常識」という狭い意味もありますが、それは本題から外れてしまいますのでここでは割愛しましょう。

｜「世間」とは誰？

　世間学という学問によれば、世間とは「自分がそこから弾かれたくない何らかの空間の広がりや集団の内側」を意味する言葉といわれます。

　例えば電車の中で化粧をしている若い女性がいたとします。電車内にいる人たちは、彼女にとっての「世間」ではないのですね。だから目に入らない。その一方で、出向く先で出会う人たち、それは会社かもしれませんし、友人かもしれませんが、その集団は世間であって、その世間に入る際にきれいでいたいから、電車内で化粧をするのです。

　また仕事で知り合った人が同郷だとわかったとき、もっと身近に同じ中学出身だとわかったとき、ぐっと関係が縮まる感じがしますよね。これがいわゆる「世間」という感覚です。

　非常に興味深いことに、この「世間」という感覚は日本に住む人（それを簡便的に日本人としますが）に特有の感覚だといわれています。例えば欧米の人たちには理解しにくい概念なのですね。

　日本では「お天道様に見られている」という言葉があります。これが「世間」にも近く、コンプライアンスの話をする際に活用できます。誰か（見られたくない人）に見られている、見られると困る、という感覚を利用してコ

ンプライアンスの話をするのです。

　これに対し、例えば欧米のキリスト教が信仰されている地域では、「懺悔」という概念がありますから「神様に恥じない行動」という文脈でコンプライアンスの話をすると理解していただきやすいです。また中国では、「祖先」という感覚、すなわち「ご先祖様に恥ずかしくない行動をとる」というようなニュアンスでコンプライアンスを語るとわかりやすいのです。

正論の脆さ 〜正しいって何だろう？

コンプライアンス研修では、その行為が「正しいか否か」が否応なく話題になります。もちろん、白黒はっきりしているNG行為であれば簡単なのですが、実際にコンプライアンス研修で話題になるのは、いわゆるグレーゾーンの話ばかりです。

「正しいか否か」。実は、これは非常に難しい問いかけです。なぜなら、正しいか否かは相対的で主観的な概念だからです。時代によっても何が正しいかは異なります。

先般、法律の専門家と話しているときに、「なるほど、あなたの意見は頭では理解できる。しかし、心情的には納得できない」という感覚になりました。

これは私がコンプライアンス研修で最も大切にしていることです。受講者が「講師であるあなたが伝えていることは正論です。でも、あなたの言っていることに心情的に賛同できません」という感覚になってしまったら、講義としては大失敗なのです。

「頭では間違っているとわかっていても、**ついうっかり**」とか、「**今までどおり**にしてしまった」「**皆がそうしている**から」「知らなくてうっかり」とか。人として白黒きっちりと割り切れない思い・想いや感情の「もやもや」は、その機微を丁寧に扱わないといけません。きれいごとを並べるだけ、相手に反論を許さずに正論を押しつけるだけでは、**「もやもや」した暗黙知**には到達できないのです。

頭でロジックとして理解できるか否かは白黒決着のつく世界です。一方、人がその正しさを理解しふるまいに落とし込むためには、頭だけで理解するのではなく、心情的に納得する必要があるのです。

仕組みと人の心と

不正のトライアングル

　先ほど、同質的であるが故にリスクに対する感受性が鈍化してしまい、その結果、不祥事につながるおそれがあることを説明しました。ここではその不正の発生原因について、有名なフレームワークを紹介したいと思います。

　不正の発生要因を理解するにあたって、「**不正のトライアングル**」という考え方があります。これは1950年代、米国の組織犯罪研究者ドナルド・R・クレッシーが体系化したものです。

　彼は横領犯罪者に興味をもち、犯罪者が誘惑に負けた環境に注目して研究を重ねました。現在でも古典モデルとなっている職業上の犯罪者についての理論を発展させ、論文「Other People's Money : A Study in the Social Psychology of Embezzlement」を発表し、この中で展開された仮説が「不正のトライアングル」です。

　「不正のトライアングル」では、不正リスクを「**①動機・プレッシャー**」「**②機会の存在と認識**」「**③姿勢・正当化**」の3つの側面から分析します。

①動機・プレッシャー

　動機・プレッシャーとは、不正を実際に行なう際の心理的なきっかけのことをいいます。例えば、借金やリストラ、失業、組織存続の危機などに直面した際に、金銭の窃盗に及んだり、財務報告の改ざんに手を染めたりすることです。

　その原因としては、2つあります。ひとつは個人的な理由（例、処遇への不満や納得のいかない叱責など）、もうひとつは組織的な理由（例、外

不正のトライアングル

動機・プレッシャー

機会の存在と認識　　　　　　　　　姿勢・正当化

部からの利益供与、過重なノルマ、業務上の理由、業績悪化、株主や当局からの圧力など）です。

　組織としては、個人的な動機にまで、なかなか立ち入ることができません。その一方で、「今月のわが部門の売上目標を達成するために、どうしても100万円の売上をあと3日で達成したい」というような組織からのプレッシャーによって、不祥事が起こりうるということ。すなわち2つめの組織的なプレッシャーに着目してほしいのです。

　ここで重要なことは2つあります。ひとつは、組織から組織のためにプレッシャーをかけられて動機付けられるので、**「会社のために一生懸命」**したことであり、私腹を肥やすようなものではないこと、つまり**悪いことをしているという意識が希薄**であることがあげられます。加えて、上司の指示のもと動いていますから、**思考が停止**しています。責任は自分にはないのです。

　講義の際には、部下に無意識にプレッシャーをかけていないか等の自問自答を繰り返しながら理解を深めます。

②機会の存在と認識

　機会とは、不正を行なおうとすれば可能な環境が存在する状態のことをいいます。重要な事務を１人の担当者に任せている、必要な相互牽制、承認が行なわれていないといった管理上の不備が主な原因となります。すなわち内部統制、「仕組み」の問題です。自分への信頼を悪用して秘密裏に問題解決ができ、かつ発覚のリスクが少ない機会を認識するのです。

　「不正のトライアングル」仮説によれば、３要素がすべて揃わなければ不正行為に結びつきません。ですので研修では、自分だったら、この３要素のどこから手を打つか、考えていただくのです。

　すると、おもしろい結果が出ます。先の「動機・プレッシャー」、また次の「姿勢・正当化」は「心」の問題であるのに対して、この「機会の存在と認識」は「仕組み」の問題ですから、「仕組み」をつくる、もしくは守らせる立場にある管理職以上の方々の中には、この「仕組み」を厳しくすれば不正を防げるのではないかと考える方たちが一定数以上いるのです。内部統制の不備を減らし、ルールを厳しくすることで、不正を防げるのではないかと考えるのですね。

　もちろん、それは一理あるでしょう。例えば、伝票の起票者と承認者が同一人物だったり、現金出納に際してのチェック機能が甘かったり、棚卸をしていなかったりというように、内部統制機能や内部監査機能の形骸化があれば不正は起きやすくなります。内部統制機能や内部監査機能の脆弱化は、「悪いことをしてもばれないだろう」といったような心の闇を生じさせる可能性もありますね。

　でも、もしルールを最大限厳格化して現場をがんじがらめに監視すれば万事解決するかというと、それほど単純ではないのですよね。人々のやる気が損なわれ、職場環境が悪化してしまうからです。

③姿勢・正当化

　「姿勢・正当化」とは、不正を行なおうとする自分の行為を、「これでい

い」「かまわない」と受け容れ納得することです。悪いことをしようとするとき、誰でも少し心がチクンと痛むでしょう。その良心の呵責を振り切って実行するには、何らかの力によって背中を押してもらわなくてはなりません。それが「正当化」です。

　例えば、「自分だけが悪いわけではない、周りの人も同じように悪いことをしている」「自分は会社に正当に評価されていない」「自分は悪くない、悪いのは会社だ」「自分は正しいのに、理解されないのはおかしい」等々。

　これらはいずれも、不正を行なおうとする人が自分の「善意の心、良心」に蓋をするための理由付けです。他責といってもいいかもしれません。結局は「自分は悪くない、周りが悪い」「だから私が○○をしても許されるはずだ」と都合の良い解釈をしているのです。

　良心の呵責に蓋をすることは、不正を思い留まらせるような倫理観、遵法精神の欠如であり、不正が可能な環境下でも不正を働かない固い意思を保てない状態を意味します。現実問題として完璧な管理体制の構築は不可能ですから、この「正当化」にどう対峙していくかが不正予防の必須要件であるといえるでしょう。

　不正はこの３要素が合体した際に発生すると考えられます。「仕組み」である「機会」に手を打つことは大切ですが、それだけでは不正は予防できません。**「動機・プレッシャー」「姿勢・正当化」という「心」に如何に働きかけていくか**、言い換えれば、**不正を許さない風通しの良い組織風土を如何につくっていくか**が、経営陣の役割であるといっても過言ではないでしょう。

｜ 性弱説

　不正とは他人を欺くことを前提とした意図的な行為であって、どのような組織であっても発生しうる事態です。いわゆる経営者不正にいたっては内部統制の無効化を図るものであり、有効な内部統制の整備・運用の枠内では対

処できないといえるでしょう。

　ということは、不正に対するコントロール手法は、性悪説を前提に構築せざるをえないということになります。不正に対する有効なコントロール手法は、不正の機会をうかがう潜在的不正実行者に脅威を感じさせ、心理的に追い詰め、不正を断念させるものでなくてはならないのです。

　これは社員間の協調的な信頼関係に価値を見出す日本企業には、かなり違和感があります。日本型の不正事例を検証していても、必ずしも極悪非道な悪人が登場するわけではないのです。

　例えば、会社や顧客からプレッシャーを受けて、一生懸命対応する。「このくらいなら大丈夫だろう」と現場が工夫をする。「皆そうしている」「昔からやっている」と言われ納得する。違和感があっても、同調圧力に屈して発言を諦めてしまう。空気を読んでしまう。

　時の経過とともに、歪められた常識のもとで組織風土が醸成されてしまい、結果として不正に結びついてしまうのです。

　とすると、日本型不正を考える際には、性弱説の方がしっくりきます。**人は皆弱い存在なので、その場の雰囲気に流されてしまう**と考えた方が理解しやすいのです。

仲間意識と不祥事発見の契機

「赤信号、みんなで渡れば怖くない」

　これは1980年頃、当時人気だった漫才コンビによる流行語です。皆で同じことをしていれば、たとえそれが間違ったことだとしても大丈夫、気にしなくてもいいということ。日本人の同質性、同調圧力を皮肉たっぷりに表現しているフレーズだと感じます。

　日本は島国であることもあり、異文化、異民族との交流が希薄です。これは日本人が単一民族であるといっているのではなく、言葉どおりに、自分とは異なる価値観にふれる機会が極端に少ないという意味です。

　一方、他者を通じて自らを見ること、これは自らをより深く理解するために必須の手法です。メタ認知（自らの考える・感じる・記憶する・判断するなどを客観的に捉えること）も同じことです。

　自分だけ、もしくは自分と同じようなものの見方・考え方をする人たちだけの集団では、ひとつの視点、狭い視野でしか物事を検討することができません。でも、そこに違う見方をする人（例えばそれは、ジェンダーや年齢、キャリアなどが違うために、異なる価値観を有している人）が加われば、金太郎飴から脱却し、新鮮な視点で物事を捉えることができるでしょう。

　ダイバーシティを受け容れることによって、例えば新入社員や中途採用者の気づきに耳を傾けることによって、それまで「当たり前」とか「普通」とか「今までどおり」と思ってきたことにスポットライトが当たります。そしてそれが、不祥事発覚の重要な契機となったりするのです。

　自らとは異なる視点や価値観を素直に受け容れることができる組織かどうか、これが組織の行く末を決める重要な分岐点といっても過言ではありません。

人の心、組織風土に着目する

　人はいきなり、犯罪につながるような重大な不正や不祥事を犯すわけではありません。「**つい、うっかり**」「**ほんのちょっとだけだから、まぁいいか**」というような、小さな過ちや違反を繰り返した結果、それが**習慣化**してしまい、「**昔からやってきた**」「**皆やっているから大丈夫**」と思い込んでしまうのです。何度も繰り返す中で良心の呵責は薄れ、リスク感応度を鈍らせてしまいます。人は少しずつ、少しずつ慣れていくのです。

　完璧な仕組みなどありません。仕組みだけを厳格化しても、現場はやる気を失い疲弊してしまいます。

　とするならば、不正のトライアングルでいう「心」の側面、特に「正当化」に着目し、「**これは、おかしいのではないか**」**と気づけるような組織をつくる**ことが大切になってきます。もし自分たちが気づけなくても、異なる意見や価値観を受け容れることによってリスクに気づくことができるような、組織風土を醸成していく必要があるのです。

　「いつもどおりだから」という感覚は、「大丈夫」という安心感を生み、その結果、リスクに対する感受性が薄れていってしまうのです。

　それでは、「何かおかしいぞ」と声をあげることの大切さを認識し、異なる価値観を受け容れることができるような組織風土を醸成するには、どうすればいいのでしょうか。第5章で考えてみたいと思います。

不正は文化

　「不正の温床」という言葉を聞くと、あたかもそこに何か生き物がはびこっているような音感があります。これは、不正や不祥事が、その組織の奥深くに根付き息づく何かのように感じられるからだと思います。そう、得体の知れない生き物のように。

　不正や不祥事は、組織を構成している人々に密接に結びついているものであり、彼らの価値観・倫理観そのもの、組織風土、企業文化そのものであるとも考えられます。それ故、「不正は文化」であるといえるのです。

　価値観や倫理観、組織風土であり企業文化ですから、不正や不祥事の起こりやすい環境というものは、なかなか改善することができません。風呂場の黒カビみたいといったらいいでしょうか。表面をこすっただけでは落ちなくて、強力な洗剤を用いてもなお黒い跡が残るようなイメージです。

　「不正は文化」といわれるように、実は、世の中の不正や不祥事は故意や悪意、つまり「わざと」なされたものばかりではありません。例えば不正会計を例に、自分が社長になったつもりで考えてみてください。

　「自分はなぜ売上・利益を大きく見せたいのだろう？」

・会社を成長させたい
・ライバルに負けたくない
・業績に応じて自分の報酬が決まる　など

　売上や利益を大きく見せたい動機（インセンティブ）はいろいろ考えられます。自分が社長であれば、会社の仕組み（内部統制）を構築する責任者ですから、どうしても目標とする数字がある場合には、経理・財

務部門に圧力をかけて自分の思いどおりの数字をつくることができるかもしれません。

　しかし普通はそのようなことはしません。人としての「良心」があるからです。決算書は会社の活動を数字で表現するものであり、自分の思うように、また自分に都合の良いようにつくり変えることができるものではないからです。

　それでも時には「会計不正」が起こります。なぜなのでしょうか？

　もちろん良心の呵責に蓋をして、悪いことだとわかっていながら実行してしまうこともあるでしょう。その一方で、会社を大切に思うあまり、会社を愛するあまりに道を踏み外してしまうこともあるのではないでしょうか。

　後者の「**会社のために**」行なっている場合には、「自分は会社のために正しいことをしている」「会社のために一生懸命頑張っている」と思い込み、自己暗示をかけてしまった結果として、判断を誤っているのです。

　このように考えてくると、不正とは、ほんのちょっとの「このくらいなら、まぁいいか」という心の歪みが原因で起こっていることが多いということができます。**組織人だからこそ、判断が鈍ってしまっている**のです。

Comment

【判断が鈍る要因】

①習慣・知識不足　「いつもどおり／知らず知らずに」

②不注意　「つい、うっかり」

③判断・解釈の誤り　「この程度なら、まぁいいか」

4 ◆ まとめ

　CGコードにも多様性が謳われるようになった現在では、「多様性」という言葉に対して、あからさまに嫌悪感を示す人はいなくなったように思います。10年ほど前は、「多様性」という言葉は「女性活躍推進」と密接に結びついており、男性中心の役員トレーニングでは、どうしても微妙に白けた雰囲気がありました。

　昨今では「ダイバーシティ」「ダイバーシティ＆インクルージョン」という言葉に「Equity（公正性）」という概念が加わって、「DE&I」（ダイバーシティ・エクイティ＆インクルージョン）こそ、経営上の重要な戦略と位置付けられるようになりました。

　「Equality（平等）」（障壁にかかわらず、すべての人に同じツールやリソースを与えること）ではなく、**「Equity（公正性）」（一人ひとりの固有のニーズに合わせてツールやリソースを調整し、誰もが成功する機会を得られるように組織的な障壁を取り除いていくこと）**の「E」です。

　誰もが可能性を最大限発揮できるようになるために、経営陣が真剣にDE&Iを推進し、**社員一人ひとりが最高のパフォーマンスを発揮できる環境づくり**をすることによってこそ、顧客をはじめとするステークホルダーの満足が得られ、結果として会社の持続的成長と中長期的な企業価値の向上がもたらされるのです。

　そのためにも、自らのアンコンシャス・バイアスに向き合う必要があります。その意義を理解していただけたでしょうか。

【第4章 参考文献】
赤松育子 著『企業不祥事に負けない！ 不正リスクマネジメント』、産業能率大学出版部、2012年
小城武彦 著『衰退の法則 日本企業を蝕むサイレントキラーの正体』、東洋経済新報社、2017年
國廣正 著『企業不祥事を防ぐ』、日本経済新聞出版、2019年

第 5 章

組織風土をつくる

ガバナンスのハードとソフトの融合

1 ◆ 企業価値を高めるために

そもそも企業価値とは?

▍企業価値とは何か

　CGコードには「会社の持続的成長と中長期的な企業価値の向上」という文言が何度も出てきます。その一方で「企業価値とは何か」ということについては、CGコード上は明言されていません。実は本書においても、ここまであえて十分な定義をせずに使用してきました。

　改めて「企業価値」とはどのように定義されるのか、すなわち、どのように把握し測定できるのかについて、考察してみましょう。

　日本取引所グループの「企業価値向上表彰」を例にとれば、経済付加価値創造の4要素である、

①**Measurement（経営指標）**
②**Management System（経営管理制度）**
③**Motivation（評価報酬制度）**
④**Mindset（企業風土の醸成・変革）**

　に加えて、持続的な企業価値向上を支える「**⑤Engagement（投資家との建設的な対話）**」を選定の視点とし、これらを通じて「資本コスト」を意識した経営を実践している会社が「企業価値を向上させている」として表彰されています。

企業価値を向上させている会社の経営

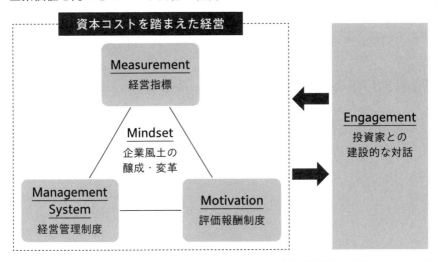

日本取引所グループ「企業価値向上表彰」をもとに作成
https://www.jpx.co.jp/equities/listed-co/award/index.html

　すなわち「企業価値」とは、現状、一般的には、会社全体の経済的価値、つまり、**「企業が将来にわたって生み出すキャッシュフローの現在価値」**と定義されます。

　ここで「現状」「一般的には」と限定したことには、実は意味があります。
　「企業価値」とはcorporate value、すなわち企業が現在有している、そして将来的に生み出すことのできる価値を意味しています。その「価値」を計測するには、やはり数値化できることが前提となるということです。
　測るには定量的、客観的であることが必要です。そしてもちろん、そのリターンを得るために調達してきた資本に対するコストがいくらなのか、その**「資本コスト」を明確に意識するよう求めているのが、CGコード**なのです。

M&Aにおける買収価格の決め方

少し横道に逸れますが、M&Aの際にどのように買収価格を決定するかを考えてみましょう。

買収価格は株式価値（上場していれば株式時価総額）を参考に算出しますが、一般に株式価値には以下のような相関関係があります。

・将来利益が増加すると見込まれる方が、株式価値は増大する
・借入金が少ない方が、株式価値は増大する
・遊休資産（事業外資産）がある方が、株式価値は増大する　など

それ故、買収価格の決定方法には主として2つの方法があります。

①DCF法（Discounted Cash Flow method）

将来発生するキャッシュフローの現在価値により評価する手法。今後、投資家に帰属する価値に着目した評価法であり、理論的に優れているが、「将来利益予測」と「割引率推定」に主観性があり、その予測次第で結果が変わってしまうという難点がある。

②倍率法（Multiple method）

事業等が類似する上場企業の要素対株価の比率を求め、対象企業の株価を類推する手法。PER（株価収益率）倍率、EBITDA（営業利益＋減価償却率）倍率など。

買収する際には一義的に価格を決めなくてはなりませんから、上記のような手法を用いて価格を算出します。

ただその一方で、企業価値は株式価値のように、数値化できるものによってのみ、生み出されるものでしょうか。そもそも株式価値が、企業の真実の

姿を正確に反映しているのでしょうか。

　答えは、否です。

数字で表現しづらいものを企業価値に表現する

　財務会計の純資産と株式市場における時価総額には、通常、乖離があります。これは、本来、企業価値に含まれるべき、その企業独自の価値観（いわゆる経営理念、ミッション、ビジョン、バリューやパーパス）や人的資本の資産価値、環境コスト負債などが、現行の財務会計の中に取り込まれていないことを意味しています。数値では表しきれない、もっと属人的で情緒的な、いわゆる非財務情報が含まれていないために、財務会計では企業価値が適切に表現できないのです。

　そして、現状の財務会計の限界を補完するために、ESG、サステナビリティ情報を含む非財務情報の開示があります。その一翼を統合報告書等が担っていますが、気候変動や人的資本を皮切りに、今後は制度会計に組み込まれていくことになります。

　本来、企業価値に財務、非財務の区別はありません。組織は人と仕組みで成り立っているわけですから、人が変われば、組織が変わります。トップが変わり、人が入れ替わって、あたかも全く違う組織かのように生まれ変わります。企業の構成要素である人そのもの、そして人が生み出す価値を如何に表現すればよいのか、数値で表現しづらいものをどう表現すれば企業価値を把握できるのか、まさしく現在の非財務情報の開示を巡る論点です。

　とするならば、企業価値の向上のために、**人や組織（集団）の特性を理解し、どのように人や組織に働きかけをしていけばいいのか**を知ることが、結局は大切になってくると理解していただけることでしょう。

変化に向き合う

なぜ現場は変化を嫌うのか

　人が集まり集団ができると、**暗黙のルール（集団的規範）** が生まれます。「空気」といってもいいかもしれません。

　なぜ暗黙のルールが生まれるのかといえば、それは人々が安心を求めるからに他なりません。暗黙のルールは、以下の通り。

①**同調性**：強い同調圧力があり、逆らいにくい。
②**排他性**：内と外を分け隔て、異質なものを排除しようとする。
③**責任の所在が不明瞭**：個人の身勝手は認められない一方で、何か起こっても誰が悪いのかわかりにくい。
④**静的均衡の保持**：安定している現状の維持を望み、変化を好まない。

　暗黙のルールは、同じ場所で同じ時間を過ごす人々の間で培われ、お互いの安心・安全を形づくっています。それ故、そこに外圧がかかり変化を求められると人々が不安定になり、感情的な抵抗が起きます。貝が殻を閉じるように、粘土がより固まってしまうように、力をかければかけるほど逆効果になってしまうのです。

　したがって、現場の暗黙のルールの存在を認め、それに依拠している人々の気持ちを汲み取ったうえで、働きかけていくことが求められます。

問いかけが組織に変化を促す

フィンランドの社会心理学者**エンゲストローム**は、「**組織に変化を起こし続けるためにはどうしたらよいか**」という問いに、こう答えています。

「なぜ、このようなやり方を続けているのか」「なぜ、私たちはこうしているのか」「何を、変えようとしているのか」といった活動の対象の問い直しこそが、変化のための原動力となる。

（このような変化を通じた学習は）「どうやってAからBに到達するか」といった短期的な目標達成の手段やテクニックや段階の学習以上のものであり、「なぜ、私たちはBではなくAにいるのか」「なぜ、私たちはAではなく、Bを望むのか」といった問いかけのもと、長期的なライフ・サイクルの中で生起してくる学びなのである。

出所：ユーリア・エンゲストローム 著、山住勝広 訳『拡張による学習　発達研究への活動理論からのアプローチ』、新曜社、1999年（筆者による抜粋及び要約）

こうした自分たちの立ち位置を確認する「問い直し」は、現実に直面しているトラブルや葛藤が契機となって行なわれることが多いと思います。

例えば、病院を例にとってみましょう。患者からの不必要な呼び出しに看護師たちが困っていたとします。「忙しいのにまたコールだ」とイライラも募るでしょう。そのようなときに、「看護師は本来、患者の容態だけでなく、患者の心のケアをすることが使命なのではないか」という問いかけがあったとするならば、それが契機となって看護の在り方を根本的に見直す議論に発展する可能性があるのです。

このような議論により、必然的に「自分自身の業務の在り方」についても見直さざるをえなくなります。そのため方法論的な解決策が見出されるだけ

に留まらず、議論に参加した人々の学習につながり、行動変容につながります。

　実際にトラブルや葛藤に直面した際には、「なるべく早く答えを見つけて行動すること」が優先されることが多いでしょう。だからこそ、このような「問い直し」「問いかけ」ができるような組織風土を醸成することが大切であり、それこそ、トップの腕の見せ所なのです。**トップが真摯に現場の声に耳を傾けて信頼関係を築き、リーダーシップを発揮して、組織風土をつくっていく**のです。

トップのコミットメント

企業価値向上のための施策

現状、企業価値は、資本コストを勘案したうえで「企業が生み出す将来キャッシュフローの総和の現在価値」と定義され、数値で表現されます。

インプット（資本コスト）とアウトプット（将来キャッシュフロー）との関係で捉えれば、企業価値向上の仕方は、下記の通りです。

① インプットである資本コストを減らす

② インプットである資本コストはそのままで、アウトプットである将来キャッシュフローを増やす

③ インプットである資本コストを減らしつつ、アウトプットである将来キャッシュフローを増やす（おそらく達成困難）

④ インプット＜アウトプットとなっている事業に、集中的に資本を投下する

⑤ インプット＞アウトプットとなっている事業からは潔く撤退する

インプットとアウトプットの関係だけでは足りない

そして忘れてはならないのが、ここでいう企業価値はあくまでも数値で表現できるものだけということです。すなわち、この数値で表現される企業価値は、その企業に属している生身の人間たちによる「やる気」や「熱い思い・想い」に支えられているにもかかわらず、この「やる気」や「熱い思

い・想い」などは数値で十分に表現できないということです。

　この組織を構成する人々のやる気を起こさせるにはどうしたらよいのでしょうか。

　一番大切なのが、**トップによる旗ふり**です。言い換えれば、事業やプロジェクト、会社のあるべき姿やそのための戦略などに対するトップの力強いコミットメント、経営陣の本気度です。

　具体的には、トップのふるまいやメッセージの出し方、つまりリーダーシップやコミュニケーションの在り方そのものであり、現場はその空気を敏感に感じ取って、動いたり動かなかったりします。現場を鼓舞してこそ、数値としての企業価値向上につながります。

　だからこそ、役員トレーニングでは次ページのような図を用いて、トップの思い・想い（経営理念、ミッション・ビジョン・バリュー・パーパス）を伝えることの大切さを力説しています。

　特に経営陣が、会社全体の方針について十分な議論をし、それを文字にして、共通認識をもつことが重要です。経営理念を踏まえたビジネスの目的を達成するために、とるべきリスクと回避すべきリスクを区別し、自分たちが何をなすべきかを明確にすることによってこそ、本気のリーダーシップが発揮できるのです。

経営陣の本気が現場のやる気を起こす

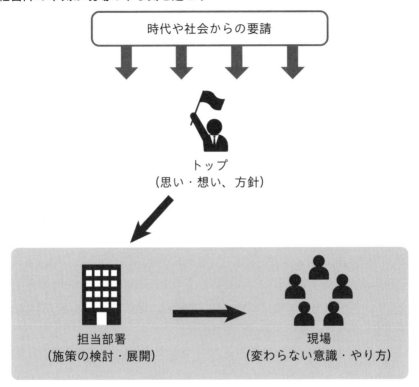

ハードとソフトが融合した組織風土づくり

知識とふるまい

ガバナンスに関しては、例えば会社法の理解、善管注意義務の解釈、CGコードのもつ意味、情報開示の在り方、非財務を含めたESGやサステナビリティ情報、統合報告、内部統制、コンプライアンス、リスクマネジメント等々、知識としてインプットすべきテーマが多々ありますが、必要な専門知識を、役員の身だしなみとして、**走りながら学び続ける気力と体力と根性**が必要です。

その知識に紐づけて、自らの役員としての立ち位置をしっかりと理解し腹をくくる、**覚悟をもって価値観の共有、組織風土醸成に真っ向から取り組む**というガバナンスのソフトの面も重要です。

つまり、第1章「経営トップが知っておくべき『ガバナンス』［ガバナンスのハード面］」と第2章「経営トップとしてのリーダーの資質［ガバナンスのソフト面］」とを有機的に結びつける努力が肝要なのです。

例えば、有名な実業家が自らの信念やリーダーシップの在り方等を強い思い・想いで描いた書籍は世の中にたくさんありますが、「私は彼ではないし、置かれている状況が違うからなあ」と第三者的な冷めた感想をもたれる受講者も多くいらっしゃいます。

参考にはしても、決して真似する必要はありません。あなたはあなた自身だからです。

自らの役割を認識し、己の信念、強い思い・想い、ふるまいこそが組織風土を醸成していくという事実に真正面から向き合い、自らの当事者意識を育

むことができるか、その覚悟をもてるかどうかが大切なのです。

　ガバナンスの要諦は組織風土づくりそのものですから、その肝である「役員の覚悟」「ガバナンスに向き合う真摯な姿勢」を育むことができるかどうかに、すべてがかかっています。

組織風土づくり（統率型）

　組織風土づくりのひとつの型に、トップダウンによる方針展開があります。トップが力強く旗ふりをすることによって、自らの目指す組織の仕組みを構築していく方法ですので、「**統率型**」といえるでしょう。

　そのためには言うまでもなく、施策の推進担当部署による現場へのサポートが欠かせません。「わが社にはこのようなリスクがあるから、このような仕組みをつくる」というトップの力強さは、時に受け止める現場にジレンマを生じさせるからです。

　トップと現場は思いのほか遠いです。そのため、トップの思い・想いや方針の本質を理解できないことも多く、取組み自体が現場に負荷をかけてしまうこともままあります。その現場のジレンマやコンフリクトを理解し、現場に潜むリスクを感知して仕組みに落とし込めるように、推進担当部署がスムーズにサポートして、トップから現場までをつなげていく必要があります。

　現場の主体性を尊重し、リスク感応度を高めながら、トップダウンの指示を隅々まで普及させ、現場で把握された生々しいリスクがトップにまで情報共有されるようなつながりをつくる必要があるのです。

統率型の組織づくり

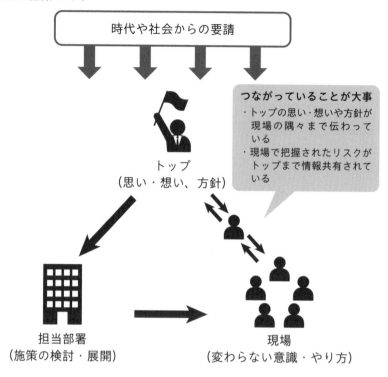

多様な価値観を受け容れる組織風土をつくるには

現場の声に耳を傾ける

第4章において、「何かおかしいぞ」と声をあげることの大切さを認識し、異なる価値観を受け容れることができるような組織風土を醸成するには、どうすればよいのかという問いかけをしました。ここで、考えてみたいと思います。

企業の会計不正を新入社員が見つけることがあります。経験の浅い社員がなぜ不正に気づくのでしょうか。それは組織の考えに染まっておらず、「おかしいものはおかしい」と思えるからです。　起こる事象にいちいち反応していたら人間は疲れてしまうため、「慣れ」が出てきます。これは脳の正常な働きで防衛本能です。しかし、慣れていくうちに世間や常識からずれていってしまい、「うちはこういう風土なのだ」と思い込み、不祥事に気づかなくなってしまいます。リスク感応度を上げることがとても大切なのです。

ここでいう「リスク」とは、良くも悪くも「**不確実性**」を意味します。判断を鈍らせないようにするためには、現状に対する「あれ？」という違和感をキャッチするリスク感応度を上げていくことが重要なのです。

さまざまな仕組みを設けても、不祥事はなくなりません。そもそも完璧な仕組みなどありません。

仕組みは箱であり形です。どんなに立派な仕組みをつくったとしても、その本当の意味が社員に伝わらず、現場に受け容れられなければ、空っぽのままで機能しないのです。

しかも、このリスク感応度は人によっても階層によっても大きく異なりま

す。人はそれぞれ色眼鏡をかけていますから、各自が見えたり気づいたりしている範囲も違います。だからこそ、他者の声に耳を傾ける謙虚さが必要になってくるのです。

　例えば経営層は、さまざまな法律の改正を社会からの要請として身体全体で受け止め、何とか仕組みに落とし込もうと努力します。一方、現場を含めた従業員も、それぞれ時代の流れを肌で感じ、受け容れようとしています。ただ、お互いの見ている景色が違うのです。

　現場には慣性の法則があります。現場と十分なコミュニケーションをとりながら施策を展開しないと、やらされ感ばかりが前面に出てしまい、受け身で身動きがとれず、はたまた抵抗し固まってしまうのです。

　本質を見失って仕方なくルールを守るだけになってしまっては、社会の要請や時代の変化に対して組織が閉じてしまっていることになり、このような状態では経営層からの方針は浸透せず、発信したメッセージも現場まで響きません。

┃ 組織風土づくり（共創型）

　組織風土づくりのもうひとつの型に、「**共創型**」があります。

　「共創型」ではトップの明確な思い・想いのもと、経営陣が互いに信頼関係を築き、チームとして健全な対話を促進することからスタートします。

　もちろん、仕組みづくりも重要です。ただ「統率型」と異なり、縦横の連携、部門横断的なつながりをつくっていくことが大切になってきます。

　例えば役員トレーニングに、次世代幹部候補生を交えて、連携を強化させるとともに、次世代経営人材により高い視座をもってもらうような仕組みをつくっている会社があります。この取組みは、サクセッション（後継者選抜）としても非常に有効です。

現場では、従業員一人ひとりがトップマネジメント（経営層）の思い・想いを受け止め、自分の言動を見直し、行動の変容を図ることが大切です。互いに異なる価値観を受容し、対話や問いかけを通じて既存の企業文化や職場風土に働きかけ、また新たな文化や風土をつくっていくことが必要になってくるのです。

共創型の組織づくり

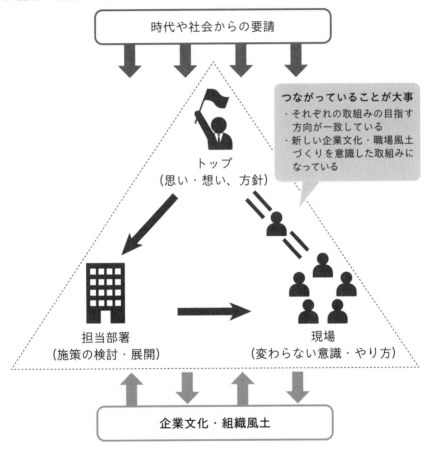

【共創型を成功させるポイント】

①多様性の受容

　互いに本音で話し、価値観の相違を受け容れて、各人の個性や能力が発揮できるような環境を整える。

②役割認識と自律

　それぞれの立場で自らの役割を認識し、互いに尊重し合いながら、組織のよりよい在り方を真剣に探し求める。

③有機的な結合と情報発信

　忌憚なき意見交換と、トップダウン、ボトムアップ、ミドルアップダウンで情報を発信する。

統率型と共創型のブレンドで共通認識を醸成する

　トップが「統率型」と「共創型」のバランスをとることにより、組織に共通認識を醸成することができます。次ページ図のように、企業文化や組織風土をベースにして、トップ・現場・管理部門の目指す方向を一致させ、仕組みと人とが有機的につながるようにするのです。

統率型＋共創型の組織づくり

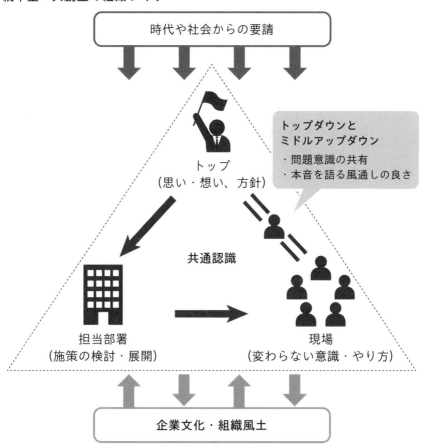

共通認識醸成のためのポイントは、

【経営層】

　・事業の社会的意義（存在意義）や大切にしたい価値観を自分の言葉で繰り返し発信する

　・社員一人ひとりを仲間として信頼し、感謝していることを伝える

　・社員一人ひとりの思い・想い、現場のジレンマに耳を傾ける

　　※経営者としての覚悟をもち、芯の通ったしなやかさと誠実な前向きさをもって職務を執行します。

【管理職層】

　・自部署の役割や業務の意義を自分の言葉でメンバーに繰り返し伝える

　・メンバーの意見（本音）をフラットに聞く機会を設ける

　・節度を保ちながら思ったことを言える関係性や職場の雰囲気をつくる

　　※風通しの良い組織をつくるためには管理職層がキーパーソンになります。現場を巻き込み、トップマネジメントに働きかけるという大切な結節点の役割です。

【現場】

　・積極的な対話の場をつくる

　・現場の思い・想い、モヤモヤ、ジレンマを本音で共有する

トップが旗をふり、企業文化・組織風土をつくる

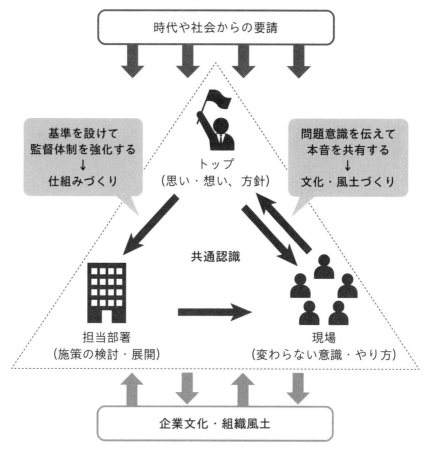

　トップの役割は優れた戦略を策定し、実行することにあります。そのため
に**仕組みを整え、人を導いていく**必要があります。組織風土の醸成のために
は、トップからの働きかけが不可欠ですし、トップが自ら企業文化・組織風
土をつくるのです。

繊細でしなやかな感受性と会社を愛する心と

バランス感覚を養いながら取り組む

　企業文化や組織風土とは、例えば慣例的な仕事の進め方であり、暗黙の価値観であり、無意識下の判断基準のことです。それらは不文律であり、明確に意識されないことも多く、なかなか変わらない、変えようと思っても変えにくいものです。

　実際、企業文化や組織風土を言葉で表す演習を各階層（例えば経営層、管理職層、現場）で行なうと、各階層で全く異なる単語が出てくることがあります。言葉で表すことによって、初めて企業文化や組織風土がどのようなものであるかを明示的に認識することができ、お互いの認識の差を理解することが可能になります。

　このように、企業文化や組織風土について議論すること自体が大事なプロセスであると感じます。

　時代や社会からの要請が強まり、トップへのプレッシャーが増しています。その一方で、多くの企業がひと通りのコンプライアンス施策を打っているものの不祥事はなくなりません。現場の意識・やり方は企業文化、組織風土に根付いており、なかなか変わらないものなのです。

　だからこそ、どのように組織風土を醸成すればいいのか、トップは「統率型」と「共創型」とのバランスをとりながら、普遍的なテーマとして組織風土醸成に取り組む必要があるのです。

> **Comment**
>
> 『逆説の法則』（西成活裕 著、新潮社、2017年）によると、企業経営は長期と短期とをバランスよくあわせもち、儲けを追うだけでなく社会的責任をもつこと、さらに永続性が重要だと説かれています。そして、その参考になるのは自然だというのです。
>
> 自然は「準最適」「そこそこ」の世界であり、こういう「準最適」「そこそこ」の効率性こそ、変化に対して強いと。すなわち、芯の通ったしなやかさこそ、変化に適応するための原動力となりうるというのです。
>
> 人も組織も、変化に適応していくためには、状況を見ながら柔軟にふるまうことが大切なのでしょう。そのような意味でも、周囲の状況をしっかり観察する力、押したり引いたりのバランス感覚が重要なのです。

世の中の期待に敏感になる

第4章で、コンプライアンスとは世の中の期待に応え続けていくことだと書きました。世の中の期待に応えていくためには、世の中がどのように変化しているのか、その動向を敏感にキャッチしていかなくてはなりません。すなわち、リスク感応度を磨くこと、磨き続けていくことが大切なのです。

先述したように、「リスク」とは悪い意味ではありません。リスクとは不確実性のことであり、良くも悪くも会社に影響を及ぼす可能性のある事象を意味します。

それでは、この「リスク」を感じ取る力を磨くには、どうしたらよいのでしょうか。これも先に述べたように、多様性が鍵となります。

つまり同質的な集団の中にいると、その「あうん」の呼吸が心地よく、共通言語がありますから効率的ですし、それが当たり前となって、外界の変化

に気づきにくくなります。空気を読んで、言葉に出さなくても暗黙に悟ってもらえる、この心地よさこそ同質性なのです。

しかし異質と感じる視点こそ、自ら気づくことのできなかったリスクの可能性があるのです。異質を恐れず、自らとの違いを「別の視点」として受け容れる器をもてば、自然とリスク感応度を磨くことができるようになるのです。「ちょっと待って」「これでいいの？」と立ち止まることができる、そういう意味でも、より多くの多様性にふれることが鍵となるでしょう。

また自ら多様性を育むためには、さまざまな経験を積むことが必要です。異質な存在と対話し、自らの軸を見定める経験といってもいいかもしれません。一言で言うならば、**「マイノリティ体験」**です。積極的にマイノリティ体験（多数派の中に少数派のひとりとして身を置く、いわゆる居心地の悪い経験）を積んで自らのリスク感応度を磨く努力をすることも、この激動の時代には必須のことかもしれません。

世の中の変化にアンテナを張り巡らせば、変化を感じ取ることができるのです。ひとりの人としても、組織としても、リスク感応度を磨き続けることが大切ですし、外の変化に応じて自らのふるまいや認識を変化させていく適応力が必要なのです。

異なる意見をぶつけられたとき、誤解してはならないのは、それはパーソナルな攻撃、つまり人格否定ではないということです。違う見方を決して排除することなく、**「なるほどそういう見方もあるのか」と楽しむ余裕**をもつことも、トップが身につけるべきふるまいのひとつだと考えます。

違うことをおもしろいと興味をもてること、その**「好奇心」**が大切であることは言うまでもありません。

組織をステンドグラスに見立ててもいいかもしれません。いろいろな色のピースが集まってひとつの美しい作品ができあがります。

人がつくる組織も同じです。多くのいろいろな人が集まってこそ化学反応

が生じて、強く、魅力的になるのです。

　ダーウィンも、生存競争に勝ち残るのは、強いものでも賢いものでもなく、変化できるものだと説いています。その変化に適応するためには、多様性が肝要なのです。

▌結局は、「人」

　私は長年、公認会計士として数字を通して会社を見てきました。決算書は会社の成績表です。過去１年間がどういう状態だったかを「数字」という事実に基づいて客観的に表現しています。会計はある意味純粋ですし、ドライな世界観をもっています。

　その後、私は次第に内部統制に興味をもち、会社の仕組みに着目するようになりました。仕組みを整えることで、働く場としての環境が整います。環境が整うことで、働く人々がより活力をもって能力を発揮するチャンスを得られることも確かでしょう。

　その一方で、結局は「組織は人で成り立っている」、その当たり前のことに改めて、強く感じ入るようになりました。どれほどピカピカの素晴らしい仕組みを整えたとしても、その組織に属する人たちに「やる気」がなければ成果は生まれないからです。

　モチベーションの高い、自律したメンバーを育てるにはどうしたらよいのでしょう。いきいきと覇気のある職場はどうしたらつくれるのでしょうか。会社がその目的に向かって戦略を実行し、ありたい姿に近づくにはどうしたらよいのでしょうか。

　もちろん人材育成も大切でしょう。それぞれのバックグラウンドやキャリアの相違を認め合い、多様な価値観を尊重し合えるような人材は、組織にとって宝ものです。また当然のことながら、働く人には生活がかかっていますから、しっかり給与で報いることも必要でしょう。

そしてさらに、トップが自らの組織を愛し、組織に属するメンバーを仲間として信頼して、より良い職場環境をつくろうと努力すること、会社のありたい姿に向かって皆を導いていくリーダーシップを十分に発揮すること、そのためにも、トップの役割を認識し、組織風土醸成に真摯に向き合い環境を整えていくことこそ、非常に大切なことだと感じます。

　結局は、「人」。
　トップが「人」にどこまで着目できるのか、なのです。
　そういう意味でも、第3章で書いたように、法定開示という強制力をもってではありますが、「人」に注目が集まり、人的資本の開示が進んでいくことは、望ましい時代の流れであると考えます。

　我々は生身の人間です。会計が考えるような「人件費（コスト）」は、我々の一側面でしかありません。人材の価値は市場で測れるものもあれば、その会社のその仕事（事業）だからこそ必要となり活かされるものもあります。
　だからこそトップは、自らの戦略を実効するために、「人」にどのように働きかければよいのかを常に考え続ける必要があります。トップとして確固たる信念をもち、その思い・想いを企業理念・経営理念として言語化し、リーダーシップを発揮し、周囲を巻き込んで影響力を及ぼしていくのです。
　繰り返しになりますが、トップの役割は優れた戦略を策定し、実行することです。そのためにどうやって人を巻き込んでいくのか。メンバーに自律的に動いてもらうのか。
　トップとして、どこまでバランスよく、人間味溢れる対応ができるかが、組織の持続的な成長の鍵を握っていると確信しています。

【第5章 参考文献】
・Y.エンゲストローム 著、山住勝広ほか 訳『拡張による学習 — 活動理論からのアプローチ』、新曜社、1999年
・西成活裕『逆説の法則』、新潮社、2017年

おわりに

こちらは、日本公認会計士協会本部理事に立候補した際の宣誓文です。

【高い壁】

「制約のある中、どのようにして公認会計士として働き続けるか」

その葛藤の中で行き着いた先が社外役員への道でした。

しかし、社外役員に就任して悟ったことは、「公認会計士の経験だけでは、社外役員としての役割を果たせない」という高い壁でした。

では、どうすればいいのでしょうか？

悩んだ末に確信したことが2つあります。

① ひとつは社外役員としての知見を高めることです。知見とは知識と見識（鋭いものの見方、判断軸）、これを体系的な研修プログラムによって習得できるようにします。

② いまひとつは資質を高めることです。特に、第三者からみた我々公認会計士のイタイ事例、失敗事例等を共有することによって、わが身を振り返る機会を提供します。

【それぞれの多彩な視点】

企業経営に必要な切り口は多彩です。

どこで生まれ育ち、どのような教育を受け、どのような人生を歩んできたのか。その結果培った価値観の上に、公認会計士という専門性をのせて社外役員の任に就く。

私たちは公認会計士であるという強みをもっています。そして公認会計士である以前に私は私としての、あなたはあなたとしての個性をもっています。その個性に気づき、クオリティも専門性も高い多彩な視点を社会に還元していく。

その方法のひとつが「社外役員」であると信じています。

この文章を読んでも、結局は、私の関心事、していること、目指すものは変わらないのだなと感じます。「多様な価値観を受け容れて組織を強くしていきたい」、これが私のライフワークなのだと感じます。

　それにしても。

　大変に苦戦しました。とにかく苦戦。

　これほどまでに、書くということが苦しいと思ったことはありませんでした。2012年、2014年に出版をしてから早9年。本著の構想は2016年頃から練り始め、原型が2018年頃にほぼ固まっていたにもかかわらず、です。

　なぜでしょう。

　ひとつはテーマが日進月歩であったこと。根幹は普遍的なテーマではありますが、付加すべき情報が昨今の人的資本を例にとっても然りですが、書いても書いても、書き直しを余儀なくされました。書いているうちに状況が激変し、匙を投げ出したくなる気分になることすらありました。

　でもこれは、逆の視点から見れば、今書くべきこと、書きたいことをほぼすべて盛り込むことができたという結果につながりました。特に人的資本については2022年末に開示の方針が固まったこともあり、タイミングとしてはベストな時期に出版を迎えることになりました。結果オーライ、でしょうか。

　加えて社外役員として実務に身を置く中で、役員トレーニングの講師業だけでは見えていなかった重要な視点にたくさん気づいたこと。やはり実務に就くことの大切さを痛感いたしました。

　ガバナンスは日進月歩ですから、実務では次々に課題が生じます。自分の頭を整理して自分なりの答えを出すために、多くの考察の時間を要しました。そのテーマを埋め込むためにも、何度も書き直しをしました。

　この件に関しては、時を経て、また書きたいことがたくさん出てくるのだ

ろうとは思います。ただ少なくとも現時点で、プロフェッショナルとしての公認会計士社外役員を目指す者のひとりとして、経験に基づく気づきや思い・想いを等身大で埋め込むことができたのではないかと思っています。

　そしてやはり、私は元来の怠けものだったこと（笑）。歳を重ねるにつれて体力もなくなりますから、ついつい目の前の事象に対応することばかりに気をとられ、じっくりと腰を据えて取り組む気力が落ちてしまっていました。
　そういう意味では、自分との闘いでもあり、自分を見つめ直す最良の機会でもありました。

　本書は想定外の難産の賜物です。ビジネスパーソンとして、私の人生の総決算にしようと、意気込みすぎていたのかもしれません。

　今回の出版にあたっては、同文舘出版株式会社ビジネス書編集部の戸井田歩さんに、大変にお世話になりました。なかなか筆の進まない私を温かく見守り、最後まで見捨てることなく寄り添ってくださいました。この場を借りて、厚く御礼申し上げます。
　そして、いつも私を見守って励ましてくれる２人の息子と母、天国にいる父に、本書を捧げたいと思います。

2023年七夕
公認会計士・公認不正検査士　赤松育子

著者略歴

赤松 育子 (あかまつ いくこ)

公認会計士・公認不正検査士
1991 年 3 月 東京大学経済学部経済学科、1993 年 3 月 同経営学科卒業。
1997 年 4 月 公認会計士登録、2008 年 4 月 公認不正検査士登録。
1995 年 1 月 EY 新日本有限責任(旧 太田昭和)監査法人入所。
学校法人産業能率大学総合研究所主幹研究員を経て、現在、株式会社トップス取締役、
株式会社新生銀行(現 株式会社 SBI 新生銀行)監査役、東洋製罐グループホールディングス
株式会社監査役、三菱 UFJ 証券ホールディングス株式会社取締役、日本化薬株式会社
取締役 等。
EY Japan DE & I 組織 WindS(Women's Interactive Network for Dreams and Success)
の名づけ親。
日本公認会計士協会理事。
[著書]
『企業不祥事に負けない! 不正リスクマネジメント』(産業能率大学出版部)
『決算書でわかる "伸びる会社" と "あぶない会社" の見分け方』(産業能率大学出版部)等。

次世代リーダーの新ビジネス知識
組織と人を変えるコーポレートガバナンス

2023年 7 月 31 日 初版発行

著 者 —— 赤松育子

発行者 —— 中島豊彦

発行所 —— 同文舘出版株式会社

東京都千代田区神田神保町 1-41 〒 101-0051
電話 営業 03(3294)1801 編集 03(3294)1802
振替 00100-8-42935
https://www.dobunkan.co.jp/

©I.Akamatsu ISBN978-4-495-54137-8
印刷/製本:萩原印刷 Printed in Japan 2023